JN243724

はじめての
園児のおべんとう

1人でもちゃんと食べられる245レシピ！

食のスタジオ 著

Gakken

もくじ

PART 1　お料理初心者ママも安心！ はじめての3品弁当

PART 2 たのしく食べてごちそうさま！
1か月の20分弁当

お弁当コラム

この本のポイント

子供が喜ぶお弁当がすぐに完成！　そんな役立つコツが満載です。

1 料理初心者でもOK！

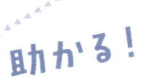
助かる！

PART 1　おにぎりの作り方などから始めて、だんだんレベルアップ

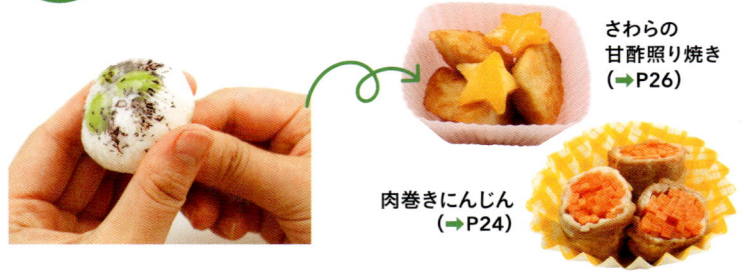

さわらの
甘酢照り焼き
（➡P26）

肉巻きにんじん
（➡P24）

お弁当作りの基本から、ていねいに紹介。「料理ははじめて」という人のために、イチからわかりやすく解説しているので安心です。初めは簡単に仕上がるモノから、少しずつレベルアップを。気づいたら、"お弁当作りの達人"になっているはずです。

2 短時間でできるので当日作れる！

安心！

PART 2　のタイムテーブル例

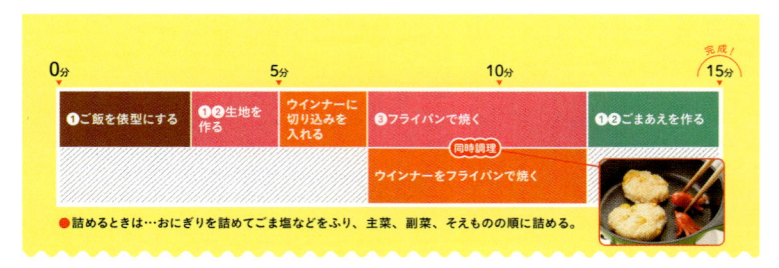

0分	5分		10分	完成！15分
❶ご飯を俵型にする	❶❷生地を作る	ウインナーに切り込みを入れる	❸フライパンで焼く	❶❷ごまあえを作る
			同時調理	
			ウインナーをフライパンで焼く	

● 詰めるときは…おにぎりを詰めてごま塩などをふり、主菜、副菜、そえものの順に詰める。

「忙しい朝でも手早くできる」を合言葉に、お役立ちメニューをたくさん紹介しています。同時進行で、複数のおかずが無理なくササッと作れる！　子供のお世話に手がかかる朝でも、ラクラク仕上がるおいしいおかずのレシピは、知っておくときっと助かります。

3 主菜、副菜のおかずレシピが豊富！

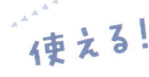
使える！

PART 3 作りおいて冷凍できる主菜

24 レシピ！

PART 4 すぐできる副菜

82 レシピ！

毎日作るお弁当だからこそ、いつもの材料で作れるおかずのレパートリーを増やしておきたいもの。たくさんのお役立ちレシピを用意しました。作りおきおかずと、朝に手早く完成するおかずを賢く組み合わせて、バラエティーに富んだおいしいお弁当が完成！

4 残さず食べてくれる工夫がいっぱい！

食欲UP！

PART 2 見た目楽しく栄養満点のお弁当アイデアが満載

お助け便利食材

詰め方ポイント

食材チャレンジ

弁当彩りグッズ

便利食材で栄養面もカバーした、彩りのよいお弁当で子供の食欲もUP！

PART 5 イベント弁当

特別な日のお弁当は、腕によりをかけて作りたい！ そんな時に役立つコツをたっぷり紹介。

お弁当のテクニック

お弁当をパッと開けた時の子供の笑顔が想像できる、楽しいテクは知っておいて損なし！

お弁当作りのポイント

毎日食べるお弁当作りには、知っておきたいポイントがたくさんあります。

お弁当の量と栄養

※実物大です

主菜

おかずスペースの半分は、主菜を詰めます。じょうぶな体をつくるためにも、肉や魚介、卵、大豆などのたんぱく質のメニューを中心に。子供の食がすすみ、お腹いっぱいになるおかずを詰めましょう。

そえもの

主菜と副菜を詰めてもちょっとしたすきまができることがあります。野菜や乳製品など一口サイズの食材を加えてみて。

副菜

おかずスペースの半分は、副菜を詰めます。野菜、卵、豆類、きのこ、海藻などのビタミン、ミネラルが多い食材を使ったおかずです。2種類以上の野菜を使うようにすると、栄養的にも彩り的にもよいでしょう。

主食

お弁当の半分は主食を詰めます。ご飯やパン、麺類などの炭水化物は、体を動かすエネルギーのもとです。しっかり食べてくれるよう、味つけや飾りつけにも工夫を。あまり詰め込みすぎないようにすると、手やフォークで食べやすくなります。

**栄養バランスは
他の食事で整えて**

子供の小さなお弁当だけで、栄養満点！というのはちょっと無理があります。もし苦手な野菜ばかりのお弁当だったら、子供もがっかりですよね。お弁当に過剰な役割は担わせず、楽しく食べられることを大切に。あとは朝食や夕食、間食など、一日の中で栄養バランスを整えましょう。

お弁当のカロリーの目安

年少さん（3〜4才） ●	**300〜350**kcal
年中さん（4〜5才） ●	**350〜400**kcal
年長さん（5〜6才） ●	**400〜450**kcal

ご飯とおかずをしっかり冷ます

①ご飯を冷ます

ご飯が温かいままお弁当箱のふたを閉めてしまうと、水滴でお弁当が傷みやすくなるのでNG。ご飯を器に広げると冷めやすくなります。

②おかずを冷ます

おかずも詰める前にしっかり冷まします。調理器具に入れたままだと冷めにくいので、一度器に移すのがポイントです。

お弁当の詰め方

①主食 —→ ②主菜 —→ ③副菜

量が最も多いご飯やパンを最初に詰めます。その際、ギュウギュウに詰め込まず、ふっくらと入れましょう。

量が多い主菜から配置を決めていきます。大きいものから小さいものの順に詰めるとバランスが取りやすいです。

副菜は形が定まらないことが多く、カップに入れてまとめると詰めやすいです。のりで巻いたりしてもOK。

④そえもの

あいたすきまが気になるときは、小さなそえものを詰めて。色がついたものなら見た目のおいしさもアップします。

ちょっとすきまがあると食べやすい！

ギュウギュウ〜

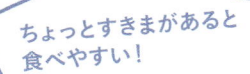

お弁当が片寄らないように、ギュウギュウに詰めてしまいたくなりますが、子供のお弁当ではこれはNG。手やフォークが入れやすいように、適度なすきまを作って。

おかず作りのポイント

子供用のお弁当には、気をつけたいポイントがいくつかあります。

① 一口サイズが基本

おにぎり

一口サイズでパクッと口に入るおにぎりなら、子供にも食べやすく手も汚れにくい！

主菜

少し歯ごたえのあるおかずは、子供にはかみ切りにくいので、小さめに切ってあげて。

副菜

ポロポロとこぼしてしまわないよう、一口サイズにまとめてあげると食べやすくなります。

そえもの

食べやすさの点ではもちろん、ちょっとしたすきまを埋めるためにも、小さめに。

② 下処理で食べやすく

魚の骨、皮を取る

魚の骨は危ないだけでなく、魚嫌いになる原因にも。かみ切りにくい皮も取ってあげて。

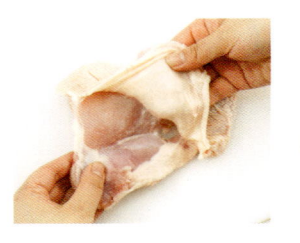

鶏肉の皮を取る

鶏皮は子供には意外とかみ切りにくいもの。取り除くか、切り目を入れてあげましょう。

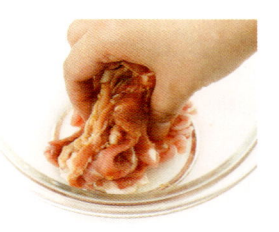

**肉は
下味でやわらかく**

お肉は下味をつけてもみ込めば、やわらかく仕上がり、食べやすくなります。

**野菜は
やわらかくゆでる**

野菜も子供には少々歯ごたえが。やわらかめにゆでると、喜んで食べてくれるはずです。

③ 作り方で食べやすく

ピックで

おかずにピックを刺すとつまみやすく、お箸やフォークをまだ上手に使えない子でもパクパク。かわいらしいピックなら、つい手が伸びちゃいます。

ラップで

ポロポロこぼしやすくて食べにくいおかずは、ラップでくるむようにすると、食べやすくて子供の食欲もUP！ 一口サイズなら見た目もかわいく◎。

のりで

のりで巻いてまとめると、手でつまみやすくこぼすことがないので安心。ただし、のりは大きいとかみ切りにくいので、小さめに切るのがコツです。

★ 味と色をバランスよく

味

しっかり味とさっぱり味を組み合わせる

同じような味つけのおかずばかりでは、食べ飽きてしまいます。違った味を組み合わせてメリハリを。「しっかり味」と「さっぱり味」で分けると、メニューも考えやすくなります。

色

食材や小物で赤色をプラス

お弁当の彩りのよさは、食がすすむ重要なポイント。色のバランスがよくなるよう、明るい赤色をプラスするのがコツです。お弁当が明るい色合いだと楽しげで、食もすすみます。

あると便利な調理器具

子供1人分のおかずを作るのにぴったりな、小さめ調理器具があると便利。ミニサイズなら、洗い物もラクチンで省エネにもなります。

フライパン

ミニサイズのフライパンは、少量おかずを作るのに重宝します。炒めものでも揚げ焼きでも、後始末がラクに。

片手なべ

小さめの鍋は子供のお弁当作りの必需品。野菜をやわらかくゆでたり煮ものを作ったりと、出番が多いはず。

お弁当の
きほん
4

はじめてのお弁当グッズ

子供のお弁当グッズは「使いやすく食べやすいもの」が鉄則です。

お弁当箱

浅めのだ円形

ご飯やおかずを詰めやすく、子供が手で持っても安定して食べやすいのは、このタイプのお弁当箱です。食べ終わった後も洗いやすく、使いやすさ満点。

サイズは約300mℓ

園児のお弁当箱は、主食とおかずを詰めて約300mℓぐらいがぴったり。子供のお弁当は、食べきれる量というのが基本です。多すぎると食欲もダウンしがち。

10〜12cm(270〜300mℓ)

プラスチックで耐熱のもの

お弁当箱はプラスチックが洗いやすくて、使いやすいものです。耐熱の電子レンジ対応タイプなら、温め直しができて便利です。

色は淡いもの

淡い色合いのお弁当箱なら、おかずがよりおいしそうに見えます。また、汚れが見つけやすくしっかり洗えて、衛生的に使えます。

ふた

かぶせるタイプ

まだ手先が器用に使えない小さな園児には、ふたをかぶせるタイプのお弁当箱が安心。

練習したら
OK!

手で留めるタイプ

両サイドの留め具を開け閉めするタイプのお弁当箱なら、ちょっと練習をすれば園児でもOK。

量が足りなくなったら
小さい密閉容器をプラス

子供が大きくなるにつれて、食べる量も増えてきます。今までのお弁当箱では足りなくなったら、小さめの密閉容器を用意。デザート入れとしても活用可。

スプーン

深さがあるもの

まだ手先が器用ではない園児には、少し深さのあるスプーンが、こぼれにくくてオススメ。

はし

長さは14〜15cm

身長が100cm前後の子供には、はしの長さは14〜15cmぐらいが最適です。

先に凸凹がある

先に凹凸のあるタイプなら、おかずがはさみやすくてすべりにくく、はしに慣れていない子供でも使いやすい!

フォーク

先がとがっているもの

手の力がまだ弱い子供にはおかずが刺しやすいよう、先が少しとがったものを。でも、あまり鋭いものは避けて。

先が丸いと刺しにくい…
✕

strawberry candy
strawberry candy

持ち手は四角

持ち手は四角いほうが持ちやすく、おかずもつかみやすい。

はし入れ

スライドタイプ

スライドするだけで簡単に開け閉めできるタイプを。

練習したらOK!

手で留めるタイプ

指先が少し器用になったら、パチッと開閉するタイプでも。

お弁当包み

巾着タイプ

ひもを引くだけで開け閉めできる単純な作りの巾着タイプが、子供にはベスト。食べ終わった後もキュッとひもを引いて絞るだけなので、安心です。

ピックは短めで鋭くないものを選んで

○　✕

年少さんには先が鋭いピックは避けたほうが安心ですが、ちょっと大きくなったら、好きなものを選んであげても大丈夫。お料理によって上手に使い分けて。

● この本のきまり

レシピの分量とカロリー

レシピの分量とカロリーは、基本的に「子供のお弁当1食分」を記載しています。5章は3〜4人分で、大人2人と子供1人が十分に食べられる量でお弁当を作っています。カロリーは大人1人分を記載しています。

調理時間

調理時間は漬ける、乾物を戻すなどの待ち時間を含みませんので、ご注意ください。

計量

レシピに出てくる小さじ1＝5㎖、大さじ1＝15㎖、1カップ＝200㎖です。

調味料

だし汁はかつおだしや昆布だしを使用しています。市販の顆粒だしを水で溶いて使う場合は、塩分が濃くなりすぎないようにしてください。

調理

● フライパンはフッ素樹脂加工のものを使用しています。
● 火加減は特に記載のない限り、中火で加熱してください。
● 電子レンジの加熱時間は600Wを基準にしています。500Wの場合は加熱時間を1.2倍、800Wの場合は0.8倍にしてください。ただし、機種によって加熱時間に差が出るので、調節してください。
● オーブントースターは機種によって加熱時間が異なります。様子を見ながら加熱時間を調節してください。

PART 1

\ お料理初心者ママも安心! /

はじめての3品弁当

はじめてのお弁当作りはドキドキ。
朝の忙しい時間の中で、
本当に簡単に作れるお弁当をご紹介します。
市販品も上手に使って大満足のお弁当に!

★ **PART1のポイント:** チャレンジ&アレンジでお弁当上手!

お弁当に各1品、チャレンジメニューがあります。おにぎりから焼き魚まで、徐々にステップアップして作ることができます。

チャレンジメニューが作れるようになったら、具や味つけのアレンジも試してみてください。料理の幅がぐっと広がります♪

2色おにぎり弁当

彩りよい2色のおにぎりは、食べやすい一口サイズで。
ピックや切り方を一工夫して、おかずも手で食べやすくしました♪

15 min / 289 kcal

主菜
焼きウインナー

そえもの ゆでブロッコリー

副菜
ちくわきゅうり

チャレンジ！ 1

主食
2色おにぎり を作ってみよう

- ●ラップを使って清潔に手早く！
- ●子供が持って食べやすい小さいサイズで！

主食 **188**kcal
2色おにぎり

★材料（1人分）
ご飯…100g
枝豆（冷凍・むき）…3粒
ゆかり…少々
ホールコーン（缶詰）…大さじ1
ツナ…小さじ½

★作り方
① **ご飯は3等分にする。**
温かいご飯をお茶碗に入れ、しゃもじで3等分にして皿に広げて冷ます。

② **ラップに具をのせる。**
ラップを広げ、中央に枝豆をのせ、周りにゆかりを散らす。

③ **茶巾状にして丸く包む。**
②に①を1つ分のせ、茶巾状にして丸く包む。残りのご飯は、中央にツナ、周りにホールコーンを散らして同様に、2個作る。

主菜 **48**kcal
焼きウインナー

★材料（1人分）
ウインナーソーセージ…1本
ピック…2本

★作り方
① ウインナーソーセージを4等分に切る。
② フライパンで①の両面を焼き、ピックを刺す。

副菜 **50**kcal
ちくわきゅうり

★材料（1人分）
ちくわ…1本
きゅうり…縦6等分×ちくわの長さに切ったもの1本分

★作り方
ちくわの穴にきゅうりを詰め、斜め3等分に切る。

そえもの **3**kcal
ゆでブロッコリー…1房
小房に分けて熱湯でゆでる。

アレンジ！
おにぎりの具

梅ごま　　66kcal
中央に練り梅小さじ¼、周りは白炒りごま少々に代えて作る。

青のりじゃこ　59kcal
中央にちりめんじゃこ小さじ⅓、周りは青のり少々に代えて作る。

チーズおかか　74kcal
中央にチーズ（角切り）小さじ½、周りはかつお節少々に代えて作る。

ひじき混ぜご飯弁当

甘辛く味がついているご飯なら、子供もパクパク食べてくれるはず。
しっとり仕上げたかぼちゃサラダもスプーンで食べやすい！

15 min **321** kcal

副菜 かぼちゃサラダ　　　　　　　　　　　　　　　　**主菜** ハム巻きオクラ

チャレンジ！
2

主食
ひじき混ぜご飯 を作ってみよう

● 市販のお惣菜を混ぜてラクラク！
● 赤系の食材で飾りつけると楽しそうに！

主食 202kcal
ひじき混ぜご飯

★材料（1人分）
ご飯…100ｇ
ひじきの煮もの（市販品）…30ｇ
にんじん（2mm厚さの輪切り）…2枚

★作り方
① **ご飯に具を混ぜる。**
ボウルに温かいご飯、ひじきの煮ものを入れ、しゃもじでよく混ぜて冷ます。

② **にんじんを型で抜く。**

にんじんはラップをして電子レンジ（600W）で30秒加熱し、それぞれ3枚ずつ型で抜く。

③ **お弁当箱に詰める。**

お弁当箱に①を詰め、菜箸で②をのせる。

主菜 23kcal
ハム巻きオクラ

★材料（1人分）
オクラ…1本
ロースハム…1枚
ピック…3本

★作り方
① オクラは塩ゆでし、冷水にとって水けを拭き、ヘタを切り落とす。
② ロースハムに①をのせ、端からくるくると巻き、3等分に切って、ピックに刺す。

副菜 96kcal
かぼちゃサラダ

★材料（1人分）
かぼちゃ…50ｇ
レーズン…5ｇ
マヨネーズ…小さじ1

★作り方
① かぼちゃは一口大に切って耐熱容器に入れ、ラップをして電子レンジ（600W）で3分加熱する。
② ①の皮を取り除いて粗くつぶし、水で戻したレーズン、マヨネーズを加えてよく混ぜる。

アレンジ！
混ぜご飯の具

きんぴらごぼう 203kcal
具材を、刻んだきんぴらごぼう（市販品）30ｇに代えて作る。

切り干し大根 211kcal
具材を、刻んだ切り干し大根の煮もの（市販品）30ｇに代えて作る。

五目豆 212kcal
具材を、粗く刻んだ五目豆（市販品）30ｇに代えて作る。

トースターで同時調理！

カップグラタン弁当

オーブントースターを使えば、おかずが同時にできて洗い物もなし！
手が汚れないサンドイッチをかわいく型抜きしました。

10 min

227 kcal

主食 ジャムサンド

主菜 はんぺんのバター焼き

チャレンジ！ 3

副菜

野菜のカップグラタン を作ってみよう

● 子供の好きなグラタンなら野菜もパクパク！
● 前日に作りおきしておけば朝は焼くだけ！

副菜 66kcal
野菜のカップグラタン

★材料（1人分）
ブロッコリー…小3房
プチトマト…1個
マヨネーズ…小さじ1
A ┌ 粉チーズ…適量
　└ パン粉…適量

★作り方

① **野菜の下ごしらえをする。**
ブロッコリーは熱湯でゆで、プチトマトはヘタを取って4等分に切る。

② **野菜をカップに入れる。**
耐熱カップに①を入れ、マヨネーズを波状にかけて、Aを散らす。

③ **オーブントースターで焼く。**
オーブントースターで5分ほど、焼き色がつくまで焼く。

主食 131kcal
ジャムサンド

★材料（1人分）
食パン（8枚切り）…1枚
ママレードジャム…小さじ½
いちごジャム…小さじ½

★作り方

① 食パンは耳を切り落とし、4等分に切る。
② ①の1枚にママレードジャム、もう1枚にいちごジャムを塗る。
③ 残りの食パン2枚の中央を型で抜き、②の上にそれぞれ重ねる。

主菜 30kcal
はんぺんのバター焼き

★材料（1人分）
はんぺん…⅛枚
バター…少々
しょうゆ…適量

★作り方

① はんぺんを斜め半分に切り、表面にバター、しょうゆを塗る。
② オーブントースターで1分ほど焼く。

アレンジ！
カップグラタンのマヨネーズ

みそマヨ 66kcal
マヨネーズにみそ小さじ⅓を足して作る。

たらこマヨ 69kcal
マヨネーズに、たらこ5gを足して作る。

ケチャプマヨ 52kcal
マヨネーズを、トマトケチャップ小さじ½、マヨネーズ小さじ½に替えて作る。

レンジ卵焼き弁当

子供の朝の準備に手がかかっても、電子レンジに任せておけば手早く完成！
賢く使えば、卵焼きもおいしく調理できちゃいます。

主食 青菜しらす混ぜご飯

副菜 かにかまきゅうりあえ

そえもの レンジさつま

チャレンジ！
4

主菜

レンジ卵焼き を作ってみよう

- ラップを使って手早く卵焼きの形に整える！
- 定番の卵焼きも多彩な具を入れれば飽きない！

主菜 76kcal
レンジ卵焼き

★材料（1人分）
卵…1個
塩、こしょう…各少々

★作り方

① **卵液を作る。**
ボウルに卵を溶きほぐし、塩、こしょうを加えて菜箸でよく混ぜる。

② **電子レンジで加熱する。**
耐熱容器にラップを敷き、①を入れて電子レンジ（600W）で40秒加熱する。

③ **巻きすで形を整える。**
②を取り出してラップごと巻きすで形を整えてそのまま冷まし、食べやすく切る。

そえもの 46kcal
レンジさつま

★材料（1人分）
さつまいも…30g
ごま塩…少々

★作り方
さつまいもは1cm厚さのいちょう切りにし、電子レンジ（600W）で2分加熱し、ごま塩をふる。

主食 179kcal
青菜しらす
混ぜご飯

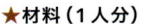

★材料（1人分）
ご飯…100g
小松菜…2本
しらす干し…小さじ2
しょうゆ…小さじ⅓

★作り方

① 小松菜はラップをして電子レンジ（600W）で1分加熱し、細かく刻む。
② ボウルに温かいご飯、①、しらす干し、しょうゆを入れてよく混ぜる。

副菜 27kcal
かにかまきゅうりあえ

★材料（1人分）
かに風味かまぼこ…1本
きゅうり…10g
和風ドレッシング（市販品）…適量

★作り方

① かに風味かまぼこを半分の長さに切ってほぐす。きゅうりはせん切りにする。
② ①と和風ドレッシングをあえる。

アレンジ！ レンジ卵焼き の具

しらすねぎ 85kcal
しらす干し小さじ2、万能ねぎ（小口切り）1本分、塩少々を卵に加えて作る。

かにかま 85kcal
細かくさいたかに風味かまぼこ1本分、塩少々を卵に加えて作る。

ハムチーズ 123kcal
ロースハム、スライスチーズ（各½枚、角切り）を卵に加えて作る。

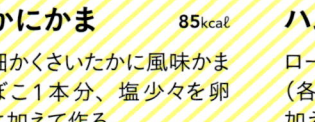

23

フライパンで2品！

肉巻きにんじん弁当

目玉焼きで楽しい飾りつけにして、肉巻きでお腹いっぱい！
フライパンを賢く使って2つのおかずを調理すれば、すぐに完成。

20 min

362 kcal

副菜 かぶの白だし煮

主食
うずらピーマンのせご飯

チャレンジ！
5

主菜
肉巻きにんじん を作ってみよう

● 薄切り肉を使って一口大にすればかみ切りやすい！
● せん切り野菜を巻くと食べやすく栄養もバッチリ！

主菜 131kcal
肉巻きにんじん

★材料（1人分）
豚ロース薄切り肉…1枚
塩、こしょう…各少々
にんじん…15g
サラダ油…少々
A［ しょうゆ、みりん…各小さじ½

★作り方

① **にんじんの下ごしらえをする。**
にんじんは皮をむいてせん切りにし、ラップをして電子レンジ（600W）で30秒加熱する。

② **豚肉でにんじんを巻く。**
豚ロース薄切り肉に、塩、こしょうをふり、①を手前に置いて巻く。

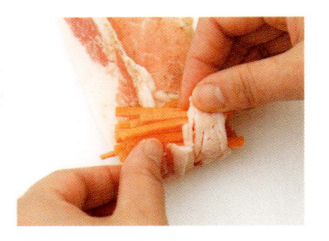

③ **フライパンで焼く。**
フライパンにサラダ油を熱し、②の巻き終わりを下にして焼いたあと、転がしながら2分ほど焼き、Aを加えて煮からめ、3等分に切る。

主食 217kcal
うずらピーマン のせご飯

★材料（1人分）
ご飯…100g
ピーマン（7mm厚さの輪切り）…2枚
うずらの卵…2個

★作り方
① お弁当箱に温かいご飯を詰めて冷ます。
② フライパンにピーマンを並べてうずらの卵を1個ずつ割り入れ、ふたをして火にかける。
③ ②のうずらの卵の黄身に火が通るまで2分ほど蒸し焼きにし、冷めたら①にのせる。

副菜 14kcal
かぶの白だし煮

★材料（1人分）
かぶ…½個　　　　　白だし…小さじ½
桜えび…小さじ½　　水…大さじ2

★作り方
① かぶは皮をむいて4等分に切る。
② 耐熱容器に①、桜えび、白だし、分量の水を入れ、ラップをして電子レンジ（600W）で3分加熱する。

アレンジ！ 肉巻きの具

さやいんげん 138kcal
具を、半分の長さに切ったさやいんげん2本分に代えて作る。

ヤングコーン 142kcal
具を、ヤングコーン（水煮）1本に代えて作る。

2色パプリカ 144kcal
具を、1cm幅に切ったパプリカ4本分に代えて作る。

フライパンでお魚料理！

さわらの照り焼き弁当

焼き魚はフライパンで仕上げれば、焦げつかず後始末も楽チン！
照り焼き味なら生臭みもなく、魚が苦手な子も喜んで食べてくれます。

15 min / 349 kcal

主食 俵おにぎり

副菜 ほうれん草のり巻き

そえもの オレンジ

チャレンジ！ 6

主菜 さわらの甘酢照り焼き を作ってみよう

● 皮を取り除き一口大に切って食べやすく！
● 照り焼きだれを煮からめてしっとり仕上げる！

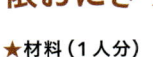

主菜 136kcal
さわらの甘酢照り焼き

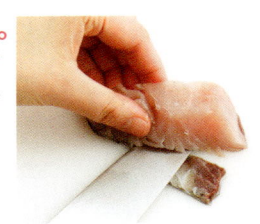

★材料（1人分）
さわら（切り身）
　…½切れ（40g）
片栗粉…適量
パプリカ（黄）…⅙個

A ┌ 酒、しょうゆ…各小さじ½
　│ みりん、しょうゆ…各小さじ¼
　└ 酢…小さじ1
サラダ油…少々

★作り方
① **材料の下ごしらえをする。**
パプリカは型で2枚抜く。さわらは皮を取り除いて3等分に切る。

② **さわらに片栗粉をまぶす。**
さわらをポリ袋に入れて片栗粉を全体に薄くまぶす。

③ **フライパンで焼く。**
フライパンにサラダ油を中火で熱し、②のさわらを並べて両面を4分ほど焼き、①のパプリカ、Aを加えて煮からめる。

主食 170kcal
俵おにぎり

★材料（1人分）
ご飯…100g　　　焼きのり…適量
塩…少々

★作り方
① 温かいご飯に塩をふって混ぜ、3等分にしてラップにのせて俵型に握る。
② 焼きのりをのりパンチで抜く。
③ ①に②をのせる。

副菜 23kcal
ほうれん草のり巻き

★材料（1人分）
ほうれん草…2株　　しょうゆ…少々
焼きのり…¼枚

★作り方
① ほうれん草は熱湯でさっとゆでて冷水にとり、水けをしっかりと絞る。
② ①を半分の長さに切り、しょうゆをふって焼きのりの上にのせて巻き、半分に切る。

そえもの 20kcal
オレンジ…⅛個
皮をむいて、一口大に切る。

アレンジ！
照り焼きの味つけ

青のり風味　123kcal
Aを、酒、しょうゆ各小さじ½、青のり小さじ⅓に代えて作る。

みそマヨ　162kcal
Aを、マヨネーズ小さじ1、みそ、みりん各小さじ⅓に代えて作る。

黒ごま　134kcal
Aを、酒、しょうゆ各小さじ½、みりん、黒炒りごま各小さじ⅓に代えて作る。

お弁当作りを早くするコツ

忙しい朝のお弁当作りは、以下のポイントを押さえて短時間でササッと仕上げましょう。

1. 加熱は同時調理で!

園児のお弁当は量が少ないため、複数の料理でも同じフライパンや鍋を使っての同時調理がおすすめ。炒めものや焼きものなど一気に仕上がって時間短縮になり、洗い物も少なくて済みます。

かたい食材は先にゆでて、いっしょにゆで上がるように。

材料によって焼き時間が違うので、頃合いを見逃さないで。

2. 少量なら電子レンジで加熱!

ゆで野菜やバター炒め、蒸し料理なども、少量なら電子レンジを使うと素早く仕上がり、便利です。火を使わないため、子供の世話に手が放せなくても電子レンジに放り込んでおけば完成し、安心ラクラク!

ゆで野菜のレンジ加熱時間

ブロッコリー(100g)	1分40秒
オクラ(100g)	1分20秒
にんじん(100g)	2分20秒
さやいんげん(100g)	2分

※電子レンジ(600W)の場合

ハンバーグ

3. 主菜は冷凍しておくと楽!

ちょっぴり手の込んだメインのおかずは、作りおきして冷凍しておくと大助かりです。休日や前日にまとめて作り、小分けにして冷凍を。朝は解凍して加熱するだけなら手間がかからず、短時間で仕上がります。

ふつうに作るより15分も時短!

➡P.77　PART3 「作りおきで主菜おかず」へ

PART 2

\ たのしく食べてごちそうさま！ /

1か月の20分弁当

毎日のお弁当はおいしく、たのしく
食べてもらいたいもの。
子供が食べやすいメニューがたっぷりで、
見た目にもたのしめるお弁当を紹介します。

年少さん このマークのお弁当は
年少さん向けです。

★ **PART2のポイント**： **タイムテーブルで朝はラクラク！**

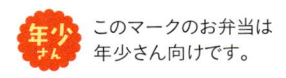

この章のお弁当は、すべて15分
か、20分で出来上がります。冷め
にくいものは先に加熱しておくな
ど、タイムテーブルには手早くお弁
当を作るコツが詰まっています。

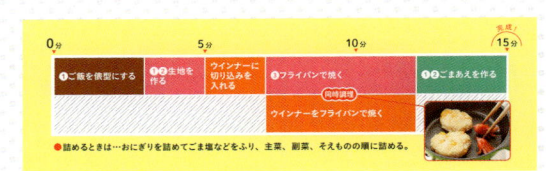

1か月のお弁当カレンダー

バラエティーに富んだ20種類のお弁当を紹介します。

年少さんには

とにかく食べやすく！

手でつかんでも食べやすいようにして。また、フォークやスプーンでも食べやすい大きさに切っておきましょう。

年中、年長さんには

バリエーションで勝負！

ご飯やパンだけでなく、麺類などを使ってバリエーションを増やして。フルーツやそえものをプラスするのも◎。

1日目 / 2日目

1 week

豆腐のもちもち焼き弁当 ➡P32

年少さん

- 主食 俵ご飯
- 主菜 豆腐のもちもち焼き
- 副菜 スナップえんどうのごまあえ
- そえもの ウインナー（たこ）

サッカーボールおにぎり弁当 ➡P34

年少さん

- 主食 サッカーボールおにぎり
- 主菜 焼き鳥
- 副菜 トマトスクランブル

2 week

オムライス弁当 ➡P44

- 主食 オムライス
- 主菜 くるくるハムチーズ
- そえもの ゆでブロッコリー

いわしのチーズフライ弁当 ➡P46

- 主食 市松のりご飯
- 主菜 いわしのチーズフライ
- 副菜 ほうれん草とコーンのソテー
- そえもの 金時豆の甘煮

3 week

サラダ寿司弁当 ➡P54

- 主食 サラダ寿司
- 主菜 ささみのごまスティック
- 副菜 里いもと小松菜のみそグラタン

かじきのパン粉焼き弁当 ➡P56

- 主食 ジャムバターロール
- 主菜 かじきのパン粉焼き
- 副菜 ズッキーニのピカタ
- 副菜 大豆とブロッコリーのケチャップ煮

4 week

マカロニグラタン弁当 ➡P66

- 主食 マカロニグラタン
- 副菜 パプリカロール
- そえもの どんぐりうずら

から揚げおにぎり弁当 ➡P68

- 主食 から揚げおにぎり
- 主菜 野菜のきつね巻き
- 副菜 カリフラワーのカレーマリネ
- そえもの りんご（うさぎ）

3日目	**4日目**	**5日目**

ハムチーズのロールサンド弁当
年少さん　→P36

主食　ハムチーズのロールサンド
主菜　スタッフドエッグ
副菜　ピーナッツディップの野菜スティック
そえもの　マスカット

ミニにぎり寿司弁当
年少さん　→P38

主食　ミニにぎり寿司
副菜　にんじんの甘煮
そえもの　ゆで枝豆

スイートポテサラサンド弁当
年少さん　→P40

主食　スイートポテサラサンド
副菜　カレーうずらピック

巻き寿司弁当
→P48

主食　巻き寿司
主菜　えびの一口春巻き
副菜　水菜とかつお節の卵焼き

やわらか酢豚弁当
→P50

主食　青のりご飯
主菜　やわらか酢豚
副菜　ヤングコーンのキャベツ巻き
そえもの　カラフルうずら

野菜蒸しパン弁当
→P52

主食　野菜蒸しパン
主菜　ブロッコリーバーグ
副菜　さつまいものレモン煮
そえもの　キャンディチーズ

野菜ドライカレー弁当
→P58

主食　野菜ドライカレー
主菜　モコモコ卵
副菜　なすのみそチーズ焼き

2色パンケーキ弁当
→P60

主食　2色パンケーキ
主菜　ツナカレーポテト
副菜　カラーブロック風
そえもの　ゆでそら豆

焼きそば弁当
→P62

主食　焼きそば
副菜　大学かぼちゃ
そえもの　キウイ（お花）

ナポリタン弁当
→P70

主食　ナポリタン
副菜　オレンジのチーズあえ
そえもの　きゅうり（お花）

さんまの蒲焼き丼弁当
→P72

主食　さんまの蒲焼き丼
主菜　かにかま卵茶巾
副菜　たらこピーマン

フレンチトースト弁当
→P74

主食　フレンチトースト
主菜　厚揚げピザ
副菜　小松菜のベーコン巻き

豆腐のもちもち焼き弁当

豆腐なら子供も食べやすいやわらかハンバーグ風に！
俵ご飯はラップを使えば小ぶりでキレイに作れます♪

年少さん　15 min　354 kcal

そえもの
ウインナー（たこ）
➡作り方はP64へ

主菜
豆腐のもちもち焼き

副菜
スナップえんどうのごまあえ

主食 俵ご飯

　※実物大です

主菜 96kcal
豆腐のもちもち焼き

★材料（1人分）
木綿豆腐…45g
ホールコーン（缶詰）
　…大さじ1（15g）
塩、こしょう…各少々
片栗粉…小さじ2
サラダ油…少々
トマトケチャップ…適量

★作り方
① 木綿豆腐はキッチンペーパーで包み、耐熱容器に入れ、電子レンジ（600W）で30秒加熱する。

Point!
豆腐の水きりは電子レンジで加熱すると、手早くできるので、忙しい朝にぴったり。

② ボウルに①を入れてつぶし、ホールコーン、塩、こしょう、片栗粉を加えてよく混ぜる。
③ フライパンにサラダ油を中火で熱し、②をスプーンで2つに分けて入れ、両面焼き色がつくまで5分ほど焼く。 同時調理
④ お弁当箱に入れてトマトケチャップを絞る。

主食 135kcal
俵ご飯

★材料（1人分）
ご飯…80g
青のり、ゆかり、ごま塩…各少々
★作り方
① 温かいご飯は4等分にし、ラップを使って俵型に形を整えて冷ます。
② ①をお弁当箱に詰め、青のり、ゆかり、ごま塩をそれぞれ上にふりかける。

副菜 27kcal
スナップえんどうのごまあえ

★材料（1人分）
スナップえんどう…3本
A ┌ しょうゆ…小さじ½
　│ 白すりごま、砂糖
　└ 　…各小さじ⅓

★作り方
① スナップえんどうはすじを取って熱湯でやわらかくなるまでゆで、斜め3等分に切る。
② ボウルにAを混ぜ合わせ、①を加えてあえる。

そえもの 96kcal
ウインナー（たこ）
（➡P64）…ウインナー2本分

P64を参照して切り込みを入れ、フライパンに入れてときどき転がしながら、2分焼く。 同時調理

お助け便利食材
小さいウインナーソーセージ

ミニサイズのウインナーソーセージを常備しておくと、お弁当のすきまに大活躍。加熱して詰めるだけでOK。赤いウインナーなら彩りにもなります。

33

サッカーボール
おにぎり弁当

かっこいいおにぎりは、のりがかみ切りやすい！
ミニ焼き鳥を添えた元気印のお弁当に子供も大喜び。

副菜 トマトスクランブル

主食 サッカーボールおにぎり

主菜 焼き鳥

※実物大です

●詰めるときは…主食、主菜、副菜の順に詰める。

主食 136kcal
サッカーボールおにぎり

★材料（1人分）
ご飯…80g
塩…少々
焼きのり…適量

★作り方
① 温かいご飯は2等分にしてラップを使って丸くにぎり、塩を軽くふる。
② 1.5cm大の五角形の型紙を作る。1.5cm幅に切ったのりを折りたたんで型紙をあてて、はさみで24枚分切る。
③ ①が冷めたら、②をサッカーボールのように貼る。

Point!

フリーハンドで切るのは難しいので、先に型紙を作っておくと上手に切れる。

主菜 128kcal
焼き鳥

★材料（1人分）
鶏もも肉…50g
さやいんげん…1本
A ［ しょうゆ、みりん…各小さじ1
　　砂糖…小さじ¼
サラダ油…少々

★作り方
① 鶏もも肉は4等分に切る。さやいんげんはヘタを落として4等分に切る。
② フライパンにサラダ油を中火で熱し、①を並べて焼き、鶏肉を両面焼いたら、Aを加えて煮からめる。
③ ②が冷めたら、鶏もも肉、さやいんげん2本、鶏もも肉の順でピックに刺し、同様にもう1本作る。

副菜 107kcal
トマトスクランブル

★材料（1人分）
卵…1個
プチトマト…1個
マヨネーズ…小さじ⅔
こしょう…少々

★作り方
① 卵を溶きほぐし、マヨネーズ、こしょうを加えてよく混ぜる。プチトマトは4等分に切って加える。
② 耐熱容器に①を入れ、ふんわりとラップをして電子レンジ（600W）で40〜50秒加熱する。菜箸でざっくりと混ぜてスクランブル状にする。

詰め方ポイント
1つの料理を分けて詰める

同じ料理を1か所ではなく分けて詰めると、にぎやかな印象に！ また、少しずつ分けて詰めることで、すきまも調整できます。

ハムチーズの
ロールサンド弁当

くるりと巻いたサンドイッチは食べやすさ満点。
甘めのディップで苦手野菜でもどんどん手が出ちゃう！

年少さん　20 min　385 kcal

主食 ハムチーズのロールサンド　　**主菜** スタッフドエッグ

そえもの マスカット

副菜
ピーナッツディップの
野菜スティック

※実物大です

| ❶ゆで卵を作る | | | ❷ゆで卵を花型に切る | ❸❹黄身を白身に詰める |
| ❶❷野菜を切ってゆでる | ❶❷ロールサンドを作る | ❸ディップを作る | ❸ロールサンドを切る | |

●詰めるときは…主食、主菜、副菜、そえものの順に詰める。

主菜 76kcal
スタッフドエッグ

★材料（1人分）
卵…1個（半分使用）
A ┌ マヨネーズ…小さじ1
　├ カレー粉…小さじ¼
　└ パセリ（みじん切り）…少々

★作り方
① 卵を水からゆで、沸騰してから12分ゆでて固ゆでにする。
② ①を水で冷やして殻をむき、お花型に切る（➡ P65）。
③ ボウルに②の黄身、Aを入れてよく混ぜる。

Point!

上にマヨネーズをのせると味が移るので、黄身にマヨネーズを混ぜればOK。

④ ②の白身半分に③を詰める。

主食 241kcal
ハムチーズのロールサンド

★材料（1人分）
サンドイッチ用食パン…2枚
バター…5g
サラダ菜…2枚
ロースハム…2枚
スライスチーズ…1枚

★作り方
① ラップにサンドイッチ用食パンをのせ、バターを全体に塗る。
② ①の上にそれぞれサラダ菜、ロースハム、半分に切ったスライスチーズの順にのせ、端から巻いて、ラップで包む。
③ ②をそれぞれ半分に切る。

- - - - - - - - - - - - - - - -

そえもの 3kcal
マスカット…1個
洗ってピックを刺す。

副菜 65kcal
ピーナッツディップの野菜スティック

★材料（1人分）
にんじん…¼本
グリーンアスパラガス…1本
A ┌ ピーナッツバター…小さじ1
　├ 麺つゆ（3倍濃縮）、水…各小さじ½
　└ はちみつ…少々

★作り方
① にんじんは皮をむいてスティック状に切り、グリーンアスパラガスは3等分に切る。
② ①を熱湯でやわらかくなるまでゆで、カップに入れてお弁当箱に詰める。
③ Aを混ぜ合わせ、②のカップの野菜に添える。

弁当彩りグッズ

葉っぱのピックで変身

丸い食材は葉っぱのピックを刺して変身。プチトマトに刺せばりんごのようです。市販のピックもありますが、マスキングテープとつま楊枝で簡単に手作りも（➡ P43）。

ミニにぎり寿司弁当

ミニにぎり寿司は食べやすくて見た目もユニーク。
子供が大好きな枝豆ピックは"あと一品"の強い味方！

年少さん | 20 min | 387 kcal

そえもの ゆで枝豆

副菜 にんじんの甘煮

主食 ミニにぎり寿司

※実物大です

主食 343kcal

ミニにぎり寿司

★材料（1人分）

ご飯…120g
ウインナーソーセージ…1本
かに風味かまぼこ…1本
卵…½個
ブロッコリー…小2房
オクラ…1本
練り梅…少々
塩、こしょう…各少々
トマトケチャップ…少々
焼きのり（軍艦用16×4cm）
　（にぎり用1×8cm）…各3枚
サラダ油…少々

Point!

ラップで包んでにぎると衛生面でも安心の上、つぶしすぎないで形を整えられる。

★作り方

① 温かいご飯は6等分にしてラップを使ってにぎりの形にして、3個はのりを巻いて軍艦の形にする。

② ウインナーソーセージは縦半分に切り、格子状に切り込みを入れ、サラダ油を熱したフライパンでさっと焼く。

③ 耐熱容器に卵を溶きほぐし、塩、こしょうを加えて混ぜ、ラップをして電子レンジ（600W）で30秒加熱し、菜箸でかき混ぜてスクランブルエッグを作る。

④ ブロッコリー、オクラは熱湯でさっとゆでる。

⑤ ④のオクラは小口切りにして①の軍艦1個にのせ、さらに練り梅をのせる。

⑥ 残りの軍艦に③を等分にのせ、④のブロッコリーを添えてトマトケチャップを絞る。

⑦ ①のにぎり2個には②を、残りはかに風味かまぼこをのせ、のりを巻く。

副菜 28kcal

にんじんの甘煮

★材料（1人分）

にんじん（1cm厚さ）…2枚
A ┌ 白だし、砂糖…各小さじ1
　└ 水…大さじ2

★作り方

① にんじんは型で2枚抜く。

② 耐熱容器に①、混ぜ合わせたAを入れ、ラップをして電子レンジ（600W）で3分加熱する。

そえもの 16kcal

ゆで枝豆 …2さや分

冷凍枝豆を解凍し、さやから出して薄皮を取り、ピックに刺す。

詰め方ポイント

低いお弁当箱を使って

かわいいお寿司のお弁当は具が寄らないようにしたいもの。ふたでお寿司をすこし押すくらいの、低いお弁当箱を選んで。プチトマトをすきまにプラスしても。

スイートポテサラサンド弁当

甘〜いさつまいもサラダをパンにサンド。
黄色に染めたうずら卵を飾ってピクニックランチ風に！

主食 スイートポテサラサンド

副菜 カレーうずらピック

40　※実物大です

0分		5分		10分		15分 完成!

①うずらの卵をAに漬ける			②ピックに刺す	④サンドイッチを切る
①材料を切る	②材料を加熱して具を作る	③パンに具をはさむ		

●詰めるときは…主食、副菜の順に詰める。

主食 334kcal

スイートポテサラサンド

★材料（1人分）
サンドイッチ用食パン…2枚
バター…5g
さつまいも…60g
玉ねぎ…20g
ブロッコリー…1房
A ┌ カッテージチーズ…大さじ1
　│ マヨネーズ、牛乳
　│ 　…各大さじ1
　└ 塩、こしょう…各少々

★作り方
① さつまいもは皮つきのままサイコロ形に切り、玉ねぎは薄切りにする。
② 耐熱容器に①、ブロッコリーを入れ、ラップをして電子レンジ（600W）で3分加熱する。フォークで粗くつぶし、Aを加えてよく混ぜる。

Point!

耐熱容器に具材を全部入れ、フォークでつぶしながら混ぜると手早く仕上がる。

③ 食パン2枚の片面にバターを塗り、1枚に②を広げ、もう1枚ではさんでラップで包む。
④ ラップを外し、4等分に切る。

副菜 51kcal

カレーうずらピック

★材料（1人分）
うずらの卵（水煮）…2個
A ┌ カレー粉…小さじ¼
　│ すし酢、水…各大さじ1
　└ 塩、こしょう…各少々
きゅうり…3cm

★作り方
① 耐熱容器にAを入れて混ぜ合わせ、ラップをして電子レンジ（600W）で20秒加熱し、うずらの卵を入れて10分ほど漬ける。
② きゅうりは皮を縞模様にむき、半分の輪切りにし、①とともにピックに刺す。

PART
2
········
スイートポテサラサンド弁当

お助け便利食材

うずらの卵（生、水煮）

一口で食べやすく、キュートなかたちで子供が大好きな食材のひとつ。デコったり、小さい目玉焼きにしたりしてすきまに添えれば、見た目の楽しさもアップ。

少ないグッズで簡単デコ

いくつかの定番グッズでお弁当がキュートに変わる、簡単デコのアイデアをご紹介!

ご飯で

使った グッズ

①動物 顔パンチ ②にっこり 顔パンチ ③笑顔パンチ ④3cm大の だ円型 ⑤2.5cm大の チューリップ型 ⑥2cm大の だ円型

あったら いい グッズ

ピンセット…直接触らずに細かいパーツを飾れて便利です。

①で パンダ

白ご飯のだ円のおにぎり

①で抜いた のりの目

米粒

桜でんぶ

①で抜いたのりの口

①+②+④で くま

②で抜いたのりの目

④で抜いた スライスチーズ

麺つゆを混ぜた ご飯でおにぎり

②+⑤+⑥で にわとり

⑤で抜いたかにかま

②で抜いた のりの目

桜でんぶ

コーン2粒

⑥で抜いたかにかま

白ご飯のだ円のおにぎり

②+③+⑥で ひよこ

⑥で抜いた ゆでにんじん

③で抜いたのりの目

卵黄と混ぜて電子レンジで 加熱したご飯のおにぎり

パンで

使った型：3.5cm大の星型、3.5cm大のハート型

食パンの耳を落として4等分に切り、2枚を型で抜いたら、残りの2枚にジャムを塗ってはさみます。

にんじんで

使った型：2.5cm大の花びら型

ひじき煮を混ぜたご飯に、型で抜いたゆでにんじんを何枚か飾ります。チーズやハムを使ってもOK。

スライスチーズで

使った型：2cm大のだ円型

ハンバーグに、型で抜いたスライスチーズ、真ん中に切り込みを入れたチェダーチーズをのせてひまわりのように。

きゅうりで

使った型：2.5cm大のハート型

カリカリ梅を混ぜたご飯に、ハート型に抜いたきゅうりを表裏に組み合わせて交互にのせるとクローバーのように。

型なしでOK！

うずらの卵（水煮）で

カラフルうずら
うずらの卵の表面にストローで穴をあけ、ゆでたにんじんをストローで抜いてのせます。

どんぐりうずら
麺つゆに漬けて半分に切ったうずらの卵と、半分に切ったミートボールをつま楊枝で留めます。

つま楊枝とマスキングテープで

マスキングテープを切って、半分に折りながらつま楊枝をはさんで留めます。

シンプルな基本のピック　　**端を切り取ってアレンジ**　　**葉っぱの形にしても◎**

オムライス弁当

簡単オムライスに一口サイズのハムチーズで
子供の大好物づくしのお弁当が完成！

20 min / 421 kcal

主菜 くるくるハムチーズ

そえもの ゆでブロッコリー

主食 オムライス

※実物大です

●詰めるときは…オムライスを詰めてトマトケチャップなどで飾り、副菜、そえものの順に詰める。

主食 **321**kcal
オムライス

★材料（1人分）
ご飯…100g
鶏もも肉…30g
冷凍ミックスベジタブル…大さじ1
サラダ油…小さじ2
A ┌ トマトケチャップ…小さじ2
　　├ ウスターソース…小さじ1
　　└ 塩、こしょう…各少々
溶き卵…½個分
B ┌ 牛乳…小さじ1
　　└ 塩、こしょう…各少々
トマトケチャップ…適量
グリーンピース（水煮）…適量

★作り方
① 鶏もも肉は皮を取り除き、1.5cm角に切る。
② フライパンにサラダ油半量を入れて中火で熱し、①を炒め、肉の色が変わったら、ミックスベジタブル、**A**を加えて炒め、ご飯を加えて炒め合わせる。
③ ボウルに溶き卵、**B**を入れてよく混ぜる。
④ フライパンに残りのサラダ油を入れて中火で熱し、③を流し入れて薄焼き卵を作る。
⑤ ラップの上に④を敷き、②をのせてラップごと手で形を整える。

Point!

ラップを使ってオムライスの形を整え、ひっくり返してお弁当に詰めると簡単キレイ。

⑥ ⑤をお弁当箱に入れ、トマトケチャップ、グリーンピースで飾る。

主菜 **83**kcal
くるくるハムチーズ

★材料（1人分）
ロースハム…1枚
スライスチーズ…1枚
焼きのり…¼枚

★作り方
焼きのりの上に、スライスチーズ、ロースハムをのせて端から巻き、ラップに包んでしばらくおき、3等分に切る。

そえもの **17**kcal
ゆでブロッコリー…2房

ブロッコリーを熱湯でやわらかくゆで、冷めたらマヨネーズを絞る。

詰め方ポイント
マヨネーズの賢いつけ方

マヨネーズを食材の表面につけると、お弁当箱のふたについたり、他のおかずに味が移ったりします。食材の裏側につけると、味が移らないのでオススメです。

2week

2日目

いわしのチーズフライ弁当

たまには和風のお弁当がうれしい！
揚げ焼き＆チーズの組み合わせで魚嫌いの子もパクパク。

15 min / 496 kcal

そえもの 金時豆の甘煮

副菜 ほうれん草とコーンのソテー

主食 市松のりご飯

主菜 いわしのチーズフライ

※実物大です

●詰めるときは…ご飯の上にのりをのせ、主菜、副菜、そえものの順に詰める。

主菜 253kcal
いわしのチーズフライ

★材料（1人分）
いわし（頭なし）…1尾
塩、こしょう…各少々
プロセスチーズ…10g
青じそ…1枚
A ┌ 小麦粉…大さじ1
　└ 水…大さじ2
パン粉…適量
揚げ油…適量

★作り方
① いわしは手開きにして中骨、小骨を取り除き、塩、こしょうをふる。身側に青じそ、プロセスチーズをのせて端から巻き、つま楊枝で留める。

Point!

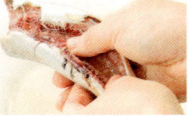

親指をいわしの腹の中に押し込むようにして開く。はじめてでも簡単にできる。

② ①に混ぜ合わせたA、パン粉の順に衣をつける。
③ フライパンに揚げ油を2cm深さに入れて中火で熱し、②を両面こんがりと揚げ焼きにする。
④ 粗熱がとれたら半分に切る。

主食 172kcal
市松のりご飯

★材料（1人分）
ご飯…100g
焼きのり（2×2cm角）…6枚
ゆかり…少々

★作り方
① 温かいご飯をお弁当箱に詰める。
② ①が冷めたら、焼きのりを市松模様に貼りつけ、ご飯が見えている部分にゆかりをふる。

副菜 49kcal
ほうれん草とコーンのソテー

★材料（1人分）
ほうれん草…1株
ホールコーン（缶詰）…小さじ2
塩、こしょう…各少々
バター…3g

★作り方
① ほうれん草は3cm長さに切る。
② 耐熱容器にすべての材料を入れてラップをし、電子レンジ（600W）で1分加熱する。

そえもの 22kcal
金時豆の甘煮
（市販品）…6粒　ピックに刺す。

食材チャレンジ
青魚はフライで食べやすく

青魚のにおいが苦手な子には、衣つきのフライがおすすめ。香ばしいのでにおいが気になりません。さらにチーズで好みの味にするとますます食べやすく。

巻き寿司弁当

食べやすいサイズのツナマヨ巻きなら食がすすみます。
パリパリで香ばしい春巻きは冷めてもおいしい！

20
min

434
kcal

主菜 えびの一口春巻き

主食 巻き寿司

副菜
水菜とかつお節の卵焼き

主菜 107kcal

えびの一口春巻き

★材料（1人分）

えび…30g
キャベツ…⅓枚
塩…少々
A［ 鶏がらスープの素（顆粒）
　　…少々
　　片栗粉…大さじ½ ］
春巻きの皮…½枚
水溶き小麦粉…適量
揚げ油…適量

★作り方

① えびは殻をむき、粗みじん切りにする。キャベツはみじん切りにし、塩をふってもみ、水けを絞る。

② ボウルに①、Aを入れてよく混ぜ、2等分にする。

③ 春巻きの皮を半分に切り、②をそれぞれ置き、折りたたんで包んだら、水溶き小麦粉で端を留める。

④ フライパンに揚げ油を2cm深さに入れて中火で熱し、③を両面こんがりと揚げ焼きにする。

⑤ 粗熱がとれたら半分に切る。

主食 245kcal

巻き寿司

★材料（1人分）

ご飯…100g
焼きのり（20×13cm）…1枚
梅干し…2個
かつお節…3g
ツナ（缶詰）…20g
きゅうり…縦¼本分
マヨネーズ…適量

★作り方

① 梅干しは種を取り除き、包丁でたたく。ご飯は冷ましておく。

② ラップの上に焼きのりを横長に置き、手前と奥を1cmあけてご飯をのせて広げ、①の梅干し、かつお節、ツナ、きゅうり、マヨネーズを置く。

③ ②を手前からくるくると巻き、巻き終わりを下にして形を整える。

④ ③のラップをはずし、6等分に切る。

副菜 82kcal

水菜とかつお節の卵焼き

★材料（1人分）

卵…1個
水菜…5g
かつお節…小さじ2

★作り方

① 水菜は1cm長さに切る。

② 卵を溶きほぐし、①、かつお節を加えてよく混ぜる。

③ 耐熱容器にラップを敷き、②を入れて電子レンジ（600W）で1分加熱し、菜箸でざっくりと混ぜる。

④ ③をラップごと取り出し、巻きすで形を整える。

弁当彩りグッズ

味移り防止だけじゃない、使えるバラン

味が移らないようにバランをはさむのが弁当作りの基本テクですが、カラフルなバランは足りない色を補い、彩りよく楽しげに仕上げるのにも重宝します。

やわらか酢豚弁当

こってり酢豚を豚こま切れ肉でかみ切りやすく仕上げました。
キュートなカラフルうずらを添えると楽しいお弁当に！

15 min

485 kcal

副菜 ヤングコーンのキャベツ巻き

主食 青のりご飯

主菜 やわらか酢豚

そえもの カラフルうずら

→作り方はP43へ

※実物大です

主菜 244kcal
やわらか酢豚

★材料（1人分）

豚こま切れ肉…50g
塩、こしょう…各少々
片栗粉…適量
チンゲン菜…20g
玉ねぎ…⅛個

A ┌ しょうゆ、トマトケチャップ、酢
　│　砂糖…各小さじ1
　│ 鶏がらスープの素（顆粒）…少々
　│ 片栗粉…小さじ⅓
　└ 水…大さじ2
サラダ油…少々

★作り方

① 豚こま切れ肉に塩、こしょうをふり、3等分にして丸め、片栗粉をまぶす。
② チンゲン菜は3cm幅に切り、玉ねぎは小さめの乱切りにする。Aは合わせておく。
③ フライパンにサラダ油を中火で熱し、①を入れて転がしながら焼き、全体に焼き色がついたら、②のチンゲン菜、玉ねぎを加えて炒め、Aを加えて煮からめる。

Point!

まんべんなく火が通るよう、転がしながら焼く。

主食 168kcal
青のりご飯

★材料（1人分）

ご飯…100g　　青のり…適量

★作り方

① 温かいご飯をお弁当箱に詰める。
② ①が冷めたら、青のりをふる。

副菜 37kcal
ヤングコーンの キャベツ巻き

★材料（1人分）

キャベツ…½枚
ヤングコーン…1本
A ┌ しょうゆ、みりん…各小さじ½
　│ ごま油…小さじ¼
　└ かつお節…3g

★作り方

① キャベツはラップに包み、電子レンジ（600W）で1分加熱する。
② ①の上に、ヤングコーン、混ぜ合わせたAをのせ、端から巻いて包み、半分に切る。

そえもの 36kcal
カラフルうずら（➡P43）

…1個　ピックに刺す。

かたまり肉料理は薄切り肉を丸めて

かたまり肉は子供にはかたくてかみ切りづらいもの。酢豚やとんカツなど、かたまり肉を使う料理は薄切り肉を丸めて代用すると、やわらかく仕上がります。

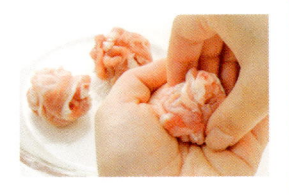

野菜蒸しパン弁当

野菜ジュースを使って簡単カラフル蒸しパンに！
ブロッコリーをまとったハンバーグは栄養バランスもばっちり。

15 min | 430 kcal

主食 野菜蒸しパン

そえもの キャンディチーズ

主菜 ブロッコリーバーグ

副菜 さつまいものレモン煮

52 ※実物大です

PART 2

野菜蒸しパン弁当

主食 196kcal
野菜蒸しパン

★材料（直径5cmのカップ2個分）
ホットケーキミックス…40g
野菜ジュース…40㎖
サラダ油…小さじ1

★作り方
① ボウルにホットケーキミックスを入れ、野菜ジュースを少しずつ加えて混ぜ、サラダ油を加えてさらに混ぜる。

Point!

ホットケーキミックスにサラダ油を加えるとふんわり仕上がり、冷めてもかたくならない。

② シリコンカップに①をそれぞれ、7分目まで入れる。
③ フライパンに水を1cm深さに入れて熱し、沸騰したら②を入れ、ふたを閉めて弱めの中火で5〜7分蒸す。同時調理

主菜 132kcal
ブロッコリーバーグ

★材料（1人分）
合いびき肉…50g
A ┌ 酒、しょうゆ…各小さじ½
　│ おろしにんにく、
　└ 　おろししょうが…各少々
ブロッコリー…3房
トマトケチャップ…適量

★作り方
① ボウルに合いびき肉、Aを入れてよく混ぜ合わせ、3等分にする。
② ブロッコリーの茎の部分に①をまとわせて丸め、アルミホイルに入れて包む。
③ 野菜蒸しパンのフライパンにいっしょに入れ、ふたを閉めて弱めの中火で5〜7分蒸す。同時調理
④ ③が冷めたら好みでトマトケチャップをつける。

副菜 52kcal
さつまいものレモン煮

★材料（1人分）
さつまいも…20g
A ┌ レモン汁…大さじ½
　│ はちみつ…小さじ1
　└ 水…大さじ1

★作り方
① さつまいもは皮つきのまま7〜8mmの輪切りにする。
② 耐熱容器に①、Aを入れてラップをし、電子レンジ（600W）で1分半加熱する。

- - - - - - - - - -

そえもの 50kcal
キャンディチーズ
（市販品）…3個

楽しさを演出するシリコンカップ

カラフルなシリコンカップは、お弁当を楽しげにしてくれます。シリコンカップなら洗って使い回せるので、いろんな色合いをそろえておくと便利です。

サラダ寿司弁当

お寿司には子供が好きなハムやコーンを使って。
おかずはコンロを使わずにトースターで作れるからラクチン！

15 min　380 kcal

副菜 里いもと小松菜のみそグラタン

主菜 ささみのごまスティック

主食 サラダ寿司

※実物大です

❶ご飯にすし酢を混ぜる　**❷**材料を切る　**❶**鶏肉の下ごしらえ　**❶**グラタンの下ごしらえ　**❷❸**衣をつけてオーブントースターで焼く　**❸**ご飯と具を混ぜる

（同時調理）**❷**カップに入れてオーブントースターで焼く

● 詰めるときは…主食、主菜、副菜の順に詰める。

主菜 **109kcal**

ささみの　ごまスティック

★材料（1人分）
鶏ささみ…小1本（30g）
A ┌ 酒、しょうゆ、みりん
　　└ …各小さじ⅓
小麦粉…適量
卵白…少々
白炒りごま…小さじ2

★作り方
① 鶏ささみはすじを取り、ラップではさんで麺棒でたたき、3等分の棒状に切って、**A**で下味をつける。

Point!

ささみは麺棒でたたいて厚さを均一に！

② ①の汁けをふき、小麦粉、ほぐした卵白、白炒りごまを順につける。
③ サラダ油（分量外）を塗ったアルミホイルに並べて、オーブントースターで4〜5分焼く。
（同時調理）

主食 **198kcal**

サラダ寿司

★材料（1人分）
ご飯…100g
すし酢…小さじ1
きゅうり…20g
ホールコーン（缶詰）…大さじ1
ロースハム…½枚

★作り方
① 温かいご飯にすし酢を混ぜておく。
② きゅうりは1cm角に切り、ハムはハート型で抜き、残りは粗く刻む。
③ ①に②のきゅうりと、刻んだハム、ホールコーンを混ぜ合わせる。
④ お弁当箱に詰めて②のハート型のハムを飾る。

副菜 **73kcal**

里いもと小松菜のみそグラタン

★材料（1人分）
冷凍里いも…2個
小松菜…10g
A ┌ みそ…小さじ⅓
　　└ 牛乳…小さじ½
ピザ用チーズ…大さじ½

★作り方
① 冷凍里いもは電子レンジ（600W）で温めてフォークで粗くつぶす。小松菜は熱湯でさっとゆでて1cm幅に切る。
② ①と**A**を混ぜ合わせて耐熱カップに入れ、ピザ用チーズをのせ、ささみのごまスティックといっしょに並べて、オーブントースターで4〜5分焼く。
（同時調理）

PART **2**

サラダ寿司弁当

詰め方ポイント

ご飯とおかずは半分ずつ

丸いお弁当箱には半分ご飯、残り半分におかずを詰めるとバランスがとれてかわいく仕上がります。

55

かじきのパン粉焼き弁当

子供が苦手な魚は洋風の味つけで食べやすく。
フライパンで2品同時に調理すれば、時短＆洗いものも省ける！

15 min

508 kcal

主食 ジャムバターロール

副菜-1 ズッキーニのピカタ

主菜 かじきのパン粉焼き

副菜-2 大豆とブロッコリーのケチャップ煮

56

※実物大です

① かじきまぐろの 下ごしらえ | 副菜-1 ① ズッキーニ の下ごしらえ | ② フライパンで焼く | | 副菜-2 ①② ケチャップ煮を 作る | ジャムバター ロールを 作る

同時調理

副菜-1 ② フライパンで焼く

●詰めるときは…主菜、副菜（ピカタから）の順に詰める。

副菜-1 50kcal

ズッキーニのピカタ

★材料（1人分）
ズッキーニ（1cm厚さの輪切り）
　…2枚
塩…少々
小麦粉…適量
溶き卵…½個分

★作り方
① ズッキーニはラップに包み、電子レンジ（600W）で30秒加熱する。
② 塩、小麦粉をまぶし、溶き卵をからめて、かじきのパン粉焼きといっしょに焼く。
同時調理

副菜-2 58kcal

大豆とブロッコリーの ケチャップ煮

★材料（1人分）
大豆（水煮）…15g
ブロッコリー…2房
マッシュルーム…1個
A ┌ トマトケチャップ…大さじ1
　└ コンソメスープの素（顆粒）
　　…少々

★作り方
① ブロッコリーは小さめの房に分ける。マッシュルームは薄切りにする。
② ①と大豆、Aを混ぜて耐熱カップに入れ、電子レンジ（600W）で2〜3分加熱する。

主菜 171kcal

かじきのパン粉焼き

★材料（1人分）
かじきまぐろ…40g
塩、こしょう…各少々
A ┌ 溶き卵…½個分
　│ 小麦粉…大さじ1
　│ 粉チーズ…小さじ1
　└ 砂糖…ひとつまみ
パン粉…適量
バター…3g

★作り方
① かじきまぐろは2cm角に切り、塩、こしょうをふる。混ぜ合わせたAの衣にくぐらせ、パン粉をまぶす。
② フライパンにバターを溶かし、①を入れて弱めの中火で5分焼き、裏返して火を通す。
同時調理

主食 229kcal

ジャムバターロール

★材料（1人分）
バターロール…2個
いちごジャム、マンゴージャム…各適量

★作り方
ロールパンは真ん中に切り込みを入れ、それぞれいちごジャム、マンゴージャムをはさみ、ワックスペーパーなどで包む。

Point!

キャンディ包みにするとかわいい！

食 材 チ ャ レ ン ジ

淡白な魚もパン粉でジューシー

淡白で焼きすぎるとパサつくかじき。下味をしっかりつけパン粉でコーティングし、弱めの中火でじっくり焼くことでふっくらジューシーに仕上がります。

野菜ドライカレー弁当

子供が好きなカレーや卵、チーズと合わせれば、
苦手な野菜もモリモリたくさん食べられそう!

L 15 min

479 kcal

主菜 モコモコ卵

副菜 なすのみそチーズ焼き

主食 野菜ドライカレー

58   ※実物大です

| ❶ご飯をお弁当箱に詰める | ❷材料を切る | ❶なすを切る | ❸フライパンで炒める | ❹オクラをゆでる | ❶❷モコモコ卵を作る |
| | | ❷オーブントースターで焼く | | |

●詰めるときは…ご飯にドライカレー、オクラをのせ、主菜、副菜の順に詰める。

主食 326kcal

野菜ドライカレー

★材料（1人分）
ご飯…100g
合いびき肉…40g
玉ねぎ…30g
にんじん…20g
ほうれん草…10g
A ┌ トマトケチャップ…小さじ1
　 │ ウスターソース、はちみつ
　 │ 　…各小さじ½
　 │ カレー粉…少々
　 └ 塩、こしょう…各少々
オリーブ油…小さじ½
オクラ…1本

★作り方
① 温かいご飯をお弁当箱に詰める。
② 玉ねぎ、にんじん、ほうれん草は粗みじん切りにする。

Point!
細かく切れば食べやすく火の通りが早い。

③ フライパンにオリーブ油を熱して合いびき肉を炒め、色が変わったら②を加えてさらに炒め、Aを加えて味を調える。
④ ①に③をのせ、ゆでて小口切りにしたオクラを飾る。

主菜 99kcal

モコモコ卵

★材料（1人分）
卵…1個
A ┌ 冷凍ミックスベジタブル
　 │ 　…大さじ1
　 │ 牛乳…小さじ2
　 └ 塩、こしょう…各少々

★作り方
① 卵を溶きほぐしてAを混ぜ、耐熱カップに入れる。
② 電子レンジ（600W）で50秒加熱する。

副菜 54kcal

なすのみそチーズ焼き

★材料（1人分）
なす…3cm
白みそ…小さじ1
ピザ用チーズ…5g
オリーブ油…少々
パセリ（みじん切り）…少々

★作り方
① なすは皮を縞目にむいて、1cm幅に切り、オリーブ油を表面に薄く塗る。
② ①に白みそを等分にのせ、ピザ用チーズを散らしてオーブントースターで焼き色がつくまで焼き、パセリをふる。

お助け便利食材

冷凍ミックスベジタブル

お弁当作りに欠かせない常備品。数種類の野菜がミックスされていて、料理の彩りが足りないときにさっと使えるのが便利！ 栄養面でも助かる食材です。

PART 2
野菜ドライカレー弁当

2色パンケーキ弁当

パンもご飯もないときはコレ！　パンケーキはたくさん作って
冷凍しておくと、おやつにもできておすすめです。

20
min

415
kcal

主食 2色パンケーキ

主菜 ツナカレーポテト

そえもの
ゆでそら豆

副菜
カラーブロック風

※実物大です

0分	5分	10分	15分	20分 完成！

| ①じゃがいもをゆでる | ①②パンケーキの生地を作る | ③フライパンで焼く | ②③きゅうりを切って味つけをする | ②ストローで穴をあける | ④抜き型で抜く |

同時調理
そら豆をゆでる

①にんじんをゆでる

●詰めるときは…主食、主菜、副菜、そえものの順に詰める。

PART
2
・・・・・・
2色パンケーキ弁当

主食 227kcal
2色パンケーキ

★材料（1人分）
ホットケーキミックス…40g
溶き卵…大さじ1
牛乳…大さじ2⅓
ココアパウダー…小さじ½
サラダ油…少々

★作り方
① ボウルに溶き卵と牛乳を入れて混ぜ合わせて、ホットケーキミックスを加えて混ぜ合わせる。
② ①を半量に分け、ひとつにココアパウダーを混ぜる。
③ フライパンにサラダ油を薄く塗って中火で熱し、一度ぬれふきんの上で冷ます。再び弱火にかけて②をそれぞれ流し入れ、ぷつぷつと穴があいてきたら裏返して弱火で焼く。
④ ③の中心を裏側から抜き型で抜き、違う色のパンケーキをはめ込む。

- - - - - - - - - - - - - - -

そえもの 44kcal
ゆでそら豆 …3粒

じゃがいもといっしょにゆでて、薄皮をむく。 同時調理

主菜 106kcal
ツナカレーポテト

★材料（1人分）
じゃがいも…½個
きゅうり…2cm
塩…少々
ツナ（缶詰）…大さじ1
カレー粉…少々
プレーンヨーグルト…小さじ1

★作り方
① じゃがいもは皮をむいて2cm角に切り、やわらかくゆでる。
同時調理
② きゅうりは薄切りにして塩をふってもみ、しんなりしたら水けを絞る。
③ 缶汁をきったツナ、①、②、カレー粉、ヨーグルトを混ぜ合わせる。

副菜 38kcal
カラーブロック風

★材料（1人分）
プロセスチーズ（2×2×1cm）…2個
にんじん（2×2×1cm）…2個

★作り方
① プロセスチーズ、にんじんは材料通りに用意し、にんじんはやわらかくゆでる。
② ストローでそれぞれ4か所穴をあけ、抜いたものを穴の⅔まで詰め戻す。

Point!

ストローから野菜が取れないときは竹串を使って押し出して。

お助け便利食材

ホットケーキミックス

混ぜて焼くだけでパンケーキやクッキー、蒸しパンなどが失敗なく作れます。お弁当はもちろん、おやつ作りにもおすすめ！

焼きそば弁当

麺は袋に入ったまま半分に切って炒めると、子供も食べやすい
長さに！ フルーツは飾り切りするとかわいい♪

15 min / 361 kcal

そえもの キウイ（お花）
➡作り方はP65へ

副菜 大学かぼちゃ

主食 焼きそば

※実物大です

❶❷材料の下ごしらえ	❸フライパンで炒める	❶❷大学かぼちゃを作る	キウイを飾り切りする

●詰めるときは…主食、副菜の順に詰め、キウイは別容器に詰める。

主食 282kcal
焼きそば

★材料（1人分）
豚こま切れ肉…30g
もやし…20g
キャベツ…½枚
赤ピーマン…⅙個
中華蒸し麺…½玉
水…大さじ2
ウスターソース…小さじ1
こしょう…少々
サラダ油…小さじ½
うずらの卵（水煮）…1½個
焼きのり…少々

★作り方

① 豚こま切れ肉は大きければ食べやすく切る。中華蒸し麺は半分の長さに切る。

Point!
長すぎる麺は食べにくいので切って。

② もやしは半分の長さに切る。キャベツは2cm角に切る。赤ピーマンは長さを半分にして細切りにする。

③ フライパンにサラダ油を熱して①の豚肉を炒め、②、①の麺、分量の水を加えて麺をほぐしながら炒める。ウスターソース、こしょうを加えてさらに炒め合わせる。

④ ③をお弁当箱に詰めて半分に切ったうずらの卵をのせ、のりパンチで抜いたのりを卵に貼りつける。

副菜 52kcal
大学かぼちゃ

★材料（1人分）
かぼちゃ…40g
A ┌ はちみつ…小さじ½
   └ しょうゆ…小さじ¼
黒炒りごま…少々

★作り方

① かぼちゃは1.5cm角に切り、ラップに包んで電子レンジ（600W）で1分加熱する。

② 熱いうちに、混ぜ合わせたAを加えてからめ、黒炒りごまをふる。

- - - - - - - -

そえもの 27kcal
キウイ（お花）
（➡P65）…½個分

詰め方ポイント
カットフルーツは別容器に

おかずの味がフルーツへ移るのをいやがる子供が多いので、フルーツは別容器に入れましょう。皮つきのぶどうなどはそのまま詰めてOK！

覚えておきたい飾り切り

いつものおかずもかわいく変身させれば、食欲UP！ 子供が喜ぶ飾り切りテクをご紹介。

 **ウインナー**

たこ

① 両端を切り落とし、真ん中から斜めに切り分け、上図のように3〜5本切り込みを入れる。
② フライパンで焼き、黒ごまで目をつける。

さかな

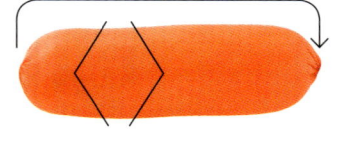

① 両端を切り落とし、縦半分に切り、上図のように切り込みを入れ、左端を切り分ける。
② 切り分けた端部分を、短く切ったパスタで串刺しにし、熱湯でゆでる。マヨネーズと黒ごまで目をつける。

かに

① 両端を切り落とし、縦半分に切る。
② 上図のように、かにの形になるよう、足と顔部分に切り込みを入れ、フライパンで焼く。

ソーセー人

① 両端を切り落とし、上図のように、手と足、顔部分に切り込みを入れる。
② フライパンで焼く。

ハム

お花

アレンジ！

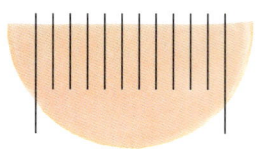

① ハムを半分に折り、両端を切り落として切り込みを入れる。
② 端からくるくると巻いていき、巻き終わりをピックで留める。

中央にプチトマトを入れて

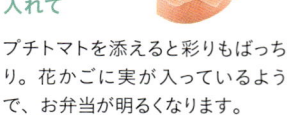

プチトマトを添えると彩りもばっちり。花かごに実が入っているようで、お弁当が明るくなります。

薄焼き卵でも

丸く仕上げた薄焼き卵でも作れます。ふんわりとした明るいお花が咲いたようで、キュートです。

かまぼこ

ハート

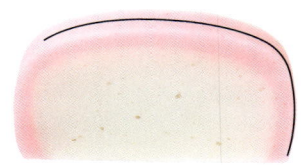

① 1cm幅に切り、片端は切り離さないよう半分の厚さにするように切り込みを入れる。
② 切り込みを入れたところをひっくり返し、端をピックで留める。

ピョン

うさぎ

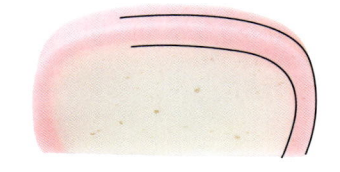

① 1cm幅に切り、半分の厚さにするように色部分より深く切り込みを入れる。
② 色部分に沿って切り込みを入れたらくるっと巻き込み、黒ごまで目をつける。

フルーツ

うさぎ

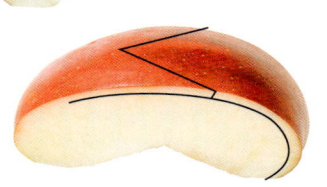

★りんごで
① ⅛等分に切り、芯を取り除く。
② 上図のように切り込みを入れて仕上げる。

ゆで卵

お花

アレンジ!

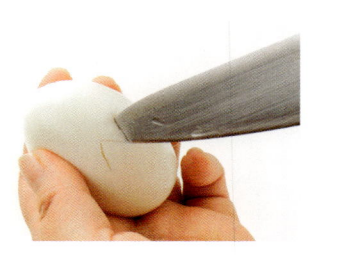

① 殻をむいたゆで卵に包丁でジグザグと、深い切り込みを入れる。
② 切り込みから割って、半分にする。

うずらの卵で

小さいのでバターナイフで切り込みを入れてもOK。お弁当のすきまにかわいらしく飾りつけできます。

きゅうりで

お弁当に入れると、王冠のようで楽しい！　野菜がちょっと足りないときにもぜひ。

お花

★キウイで
① 1cm幅の輪切りにする。
② 上図のように切り込みを入れ、皮をむく。

マカロニグラタン弁当

子供が好きなグラタンをお弁当にも。前日に仕込んでおけば、朝はトースターで焼いて詰めるだけ！

20 min
418 kcal

副菜 パプリカロール

そえもの どんぐりうずら
→作り方はP43へ

主食 マカロニグラタン

66
※実物大です

| ①マカロニをゆでる | | | どんぐりうずらを作る | ⑤オーブントースターで焼く | ③パプリカを巻く |
| ②材料を切る | ③グラタンソースを作る | ④グラタンカップを作る | | ①②パプリカを切ってオーブントースターで焼く　同時調理 | |

●詰めるときは…主食、副菜、そえものの順に詰める。

主食 305kcal
マカロニグラタン

★材料（1人分）
マカロニ…40g
ロースハム…½枚
玉ねぎ…20g
にんじん、ブロッコリー、しめじ
　…各15g
バター…3g
小麦粉…小さじ1
A［　牛乳…80㎖
　　コンソメスープの素（顆粒）
　　　…少々
ピザ用チーズ…大さじ1

★作り方
① マカロニはたっぷりの湯で袋の表示通りゆでる。
② ロースハム、玉ねぎ、にんじんは1cm角に切る。ブロッコリーは小さめの小房に分ける。しめじは粗みじん切りにする。
③ フライパンにバターを溶かして②を炒め、しんなりしてきたら小麦粉をふり入れてさらに炒める。小麦粉がなじんだら、Aを加えて弱火でとろみがつくまで煮る。
④ アルミホイルを2重にしてお弁当箱の形に合わせてカップ状に成形する。
⑤ ③に①を混ぜ、④に入れてピザ用チーズを散らし、予熱しておいたオーブントースターで5～6分、軽く焼き色がつくまで焼く。
同時調理

副菜 48kcal
パプリカロール

★材料（1人分）
パプリカ（赤）…¼個
塩、オリーブ油…各少々

★作り方
① パプリカは縦3等分に切り、塩、オリーブ油をまぶす。
② マカロニグラタンといっしょにオーブントースターに入れて焼く。同時調理
③ ②を冷水にとって包丁で皮をそぎ、くるくると巻いてピックに刺す。

そえもの 65kcal
どんぐりうずら
（➡P43）…2個分

食材チャレンジ
きのこ嫌いを切り方や味つけで克服！

口に残る苦みと食感から苦手な子供が多いきのこ類。小さくカットして大好きなホワイトソース仕立てにすれば、気づかずパクリ！

から揚げおにぎり弁当

夕食の残りや市販のから揚げをご飯で包めば、
子供うけバツグンのボリュームおにぎりに。

20 min

445 kcal

主食 から揚げおにぎり

そえもの
りんご（うさぎ）
➡作り方はP65へ

副菜
カリフラワーの
カレーマリネ

主菜 野菜のきつね巻き

68 ※実物大です

●詰めるときは…主食、主菜、副菜の順に詰め、りんごは別容器に詰める。

主菜 103kcal

野菜のきつね巻き

★材料（1人分）

油揚げ…½枚
さやいんげん…2本
にんじん（さやいんげんと同じ大きさに切る）…2本（10g）
小麦粉…少々
A ┌ 白だし…大さじ½
　└ 水…300㎖

★作り方

① 油揚げは2辺を切り落として開く。
② ①の手前にさやいんげん、にんじんを交互になるようにのせ、端からきつく巻き、巻き終わりをつま楊枝で留める。
③ ②に薄く小麦粉をまぶし、煮立てたAに入れてやわらかくなるまで煮る。つま楊枝を抜いて、3等分に切る。

Point!

小麦粉は茶こしを使うと全体的に薄くきれいにまぶせる。

主食 242kcal

から揚げおにぎり

★材料（1人分）

ご飯…100g
から揚げ（冷凍）…1個
焼きのり…½枚

★作り方

① から揚げは電子レンジで温めて半分に切る。
② 温かいご飯は2等分にしてラップにのせ、①が少し見えるように三角形ににぎる。
③ 焼きのりは縦半分に切り、②に巻く。

副菜 56kcal

カリフラワーのカレーマリネ

★材料（1人分）

カリフラワー…50g
A ┌ オリーブ油…小さじ1
　│ すし酢…小さじ½
　└ カレー粉…少々

★作り方

① カリフラワーは小房に分けて熱湯でゆで、水けをきる。
② 熱いうちに、合わせたAに漬けて冷ます。

そえもの 44kcal

りんご（うさぎ）

（➡P65）…2個（¼個分）

（➡P65）

弁当彩りグッズ

メッセージつきおかずカップ

お弁当をかわいくデコレーションするおかずカップには、底がおみくじになっていたり、メッセージの書かれたものも。食べ終わったあとも楽しめます。

ナポリタン弁当

細麺のサラダ用スパゲッティを使えば、ゆで時間短縮！
子供が食べやすいようにお弁当箱への詰め方も工夫して。

20 min ／ 431 kcal

副菜 オレンジのチーズあえ

主食 ナポリタン

そえもの
きゅうり（お花）
→作り方はP65へ

70 ※実物大です

| ❶材料を切る | ❷鍋で炒め煮にする | オレンジのチーズあえを作る | きゅうりのお花切りを作る | ❸飾りの準備をする | ❹お弁当箱に詰めて飾りをのせる |

●詰めるときは…ナポリタンは一口分ずつに分けて詰め、副菜とそえものは別容器に詰める。

主食 400kcal

ナポリタン

★材料（1人分）
サラダ用スパゲッティ…50g
ウインナーソーセージ…2本
玉ねぎ…20g
エリンギ…30g
スライスチーズ…½枚
スナップえんどう…1本
水…100mℓ
塩…少々
A ┌ ホールコーン（缶詰）
　│　…大さじ1
　│ トマトケチャップ…大さじ1
　└ バター…3g
サラダ油…小さじ¼

★作り方
① 玉ねぎは薄切りにする。エリンギは2cm長さに切って薄切りにする。ソーセージは斜め切りにする。
② 鍋にサラダ油を熱し、①を炒める。分量の水を加えて沸騰したら、塩、サラダ用スパゲッティを加えて菜箸で混ぜ、ふたをして中火で3分ほど加熱する。Aを加えて水分がなくなるまで炒め合わせ、冷ます。

Point!

具といっしょにゆでて加熱時間を短縮！

③ スライスチーズは小さな花型で抜いて6枚作る。スナップえんどうはすじを取って熱湯でゆで、冷水にとって1本を斜め6等分に切る。
④ ②を6等分して食べやすくフォークで巻いてお弁当箱に詰める。③を等分に飾る。

副菜 28kcal

オレンジのチーズあえ

★材料（1人分）
オレンジ…4房
カッテージチーズ…大さじ½

★作り方
オレンジは房から取り出して半分に切り、カッテージチーズとあえる。

- - - - - - - - - - -

そえもの 3kcal

きゅうり（お花）
（➡P65）…2個（3cm分）

詰め方ポイント

くるっと巻いて食べやすく

パスタはそのまま詰めると冷めたときに麺同士がくっついて食べにくくなるので、フォークでくるくる巻いて一口大にしてからお弁当箱に詰めましょう。

さんまの蒲焼き丼弁当

さんまは小骨を丁寧に取って調理しましょう。
甘辛い蒲焼きにすれば子供にも食べやすくなります♪

15
min

488
kcal

主菜 かにかま卵茶巾

主食 さんまの蒲焼き丼

副菜 たらこピーマン

※実物大です

主食 355kcal

さんまの蒲焼き丼

★ **材料（1人分）**

さんま（3枚におろしたもの）
　…40g
小麦粉…適量
ご飯…100g
A ┌ しょうゆ…少々
　└ しょうが汁…少々
B ┌ 砂糖、水…各小さじ1
　└ しょうゆ…小さじ⅔
サラダ油…小さじ⅓
白炒りごま…少々

★ **作り方**

① 温かいご飯をお弁当箱に詰める。
② さんまは5等分に切り、Aをまぶして下味をつけ5分ほどおく。
③ ②のさんまの水けを拭いて小麦粉をまんべんなくまぶす。
④ フライパンにサラダ油を熱し、③の皮目を下にして並べ入れ両面色よく焼き、Bを加えて煮からめる。
⑤ ①に④をのせて白炒りごまをふる。

主菜 113kcal

かにかま卵茶巾

★ **材料（1人分）**

卵…1個
かに風味かまぼこ…1本
A ┌ 万能ねぎ（小口切り）
　│ 　…小さじ1
　│ 牛乳…小さじ1
　└ 塩、こしょう…各少々

★ **作り方**

① かに風味かまぼこは3等分の長さに切ってほぐす。
② 耐熱容器にラップをに敷き、卵、①、Aを入れて箸で混ぜる。

Point!

ふわふわ卵は混ぜすぎないのがコツ！

③ 電子レンジ（600W）で50秒加熱し、一度大きく混ぜてラップで茶巾に包み、そのまま冷まして余熱で火を通して固まらせる。

副菜 20kcal

たらこピーマン

★ **材料（1人分）**

たらこ…5g
ピーマン…½個
サラダ油…小さじ⅓

★ **作り方**

① ピーマンは細切りにする。たらこは薄皮を取ってほぐす。
② フライパンにサラダ油を熱してピーマンを炒め、たらこを全体にからめたら火を止める。

食材チャレンジ

油の効果で青臭さも気にならない！

苦みが強く、苦手な子供が多いピーマンは油のコーティングと、ちょっと濃いめの味つけでグッと食べやすくなります。彩りを工夫するのも大切！

フレンチトースト弁当

サンドイッチばかりでマンネリ化しがちなパンメニューに。
厚揚げのピザはボリュームも満点♪

20 min ／ 457 kcal

主食 フレンチトースト

主菜 厚揚げピザ

副菜
小松菜の
ベーコン巻き

74 ※実物大です

| ❶食パンをAに浸す | | | ❸オーブントースターで焼く | ❷フライパンで焼く |
| ❶小松菜の下ごしらえ | ❷小松菜にベーコンを巻く | ❶❷厚揚げピザの下ごしらえ | ❸オーブントースターで焼く | |

同時調理

● 詰めるときは…主食、主菜、副菜の順に詰める。

主食 **255**kcal

フレンチトースト

★材料（1人分）

食パン（8枚切り）…1枚

A ┌ 溶き卵…1個分
　├ 牛乳…大さじ1
　└ 砂糖…小さじ1

バター…5g

★作り方

① バットにAを合わせ、3cm角に切った食パンを浸し、ときどき返しながら10分ほど浸す。

Point!

ときどきひっくり返しながら、中までまんべんなく浸して。

② フライパンにバターを溶かし、①を並べて中火で両面色よく焼く。

③ 粗熱をとってお弁当箱に詰め、好みでピックを立てる。

主菜 **120**kcal

厚揚げピザ

★材料（1人分）

厚揚げ（4cm角）…1個（50g）

玉ねぎ（薄切り）…5g

ピーマン（輪切り）…2枚

ピザ用ソース…小さじ⅔

ピザ用チーズ…小さじ2

★作り方

① 厚揚げは熱湯をかけて油抜きをし、ペーパータオルで水けをよくふき、厚みを半分にする。

② ①をアルミホイルにのせ、ピザ用ソースを塗る。玉ねぎ、ピーマンをのせ、ピザ用チーズを散らす。

③ オーブントースターでチーズが溶けるまで焼く。同時調理

副菜 **82**kcal

小松菜のベーコン巻き

★材料（1人分）

小松菜…1株

ベーコン…1枚

★作り方

① 小松菜はさっとゆでて冷水にとる。水けを絞って4cm長さに切り、3等分する。

② ベーコンは3等分に切り、①をそれぞれきつく巻き、巻き終わりをつま楊枝で留める。

③ 厚揚げピザといっしょにオーブントースターで5分焼く。同時調理

夏場のお弁当対策

暑い夏はお弁当が傷みやすくて、心配なもの。次のポイントを知って上手に対策を！

●生野菜を詰めない

加熱しない生野菜は、暑い夏には避けたほうが無難です。また、プチトマトを入れるなら、雑菌が残りやすいヘタは取り除き、水で洗ったらしっかり水けを拭き取りましょう。

●おかずを手でさわらない

手には目に見えない雑菌がたくさん！ おかずをお弁当に詰めるときには必ず菜箸を使い、手ではさわらないこと。おにぎりもラップに包んで作ったほうが、衛生的で安心です。

●汁け、水けを残さない

水分は菌が繁殖する原因に。汁けの多いおかずは、汁をよくきって詰めましょう。ゆでた野菜もしっかり冷まし、キッチンペーパーなどで水けをよく拭き取ります。

●抗菌シートを使う

抗菌効果のある市販の抗菌シートは、真夏のお役立ちアイテム。お弁当のおかずの上に直接のせると抗菌成分が広がり、傷み対策に効果が望めます。表面の大部分を覆うようにのせて使って。

●保冷剤を使う

昼間に常温でお弁当を置きっぱなしにするのは、ちょっと不安…。保冷剤を用意し、お弁当箱の上にのせて弁当包みに入れれば、ひんやり効果でお弁当が傷むのを防げます。

★保冷剤代わりに 凍らせたゼリーを入れても

市販の一口ゼリーを凍らせて入れると保冷剤代わりになってデザートにも。

> 手作りもできる！

一口ゼリーの作り方（10個分）

ゼラチン10gを水大さじ2でふやかします。ミックスフルーツ缶のシロップ160㎖、水140㎖、砂糖大さじ1を熱した鍋に加えて溶かします。ラップを敷いてフルーツを入れた器に流し入れ、輪ゴムで茶巾状にして、固まるまで冷やします。

\ ワンパターンは卒業！ /

作りおきで主菜おかず

お弁当のメインはやっぱり主菜。
でも作るのには時間がかかるものです。
まとめ作りならママはらくらく、
毎日のお弁当のマンネリ脱出にもなります♪

★PART3のポイント：**材料使い切りで冷凍してムダなし！**

生鮭3切れの場合

①鮭の照り焼き×3回分
②鮭バーグ×3回分
③鮭のパン粉焼き×4回分

この章では、1パックの材料を3種類の主菜おかずにして、冷凍しておきます。調理済みを冷凍するものと、下味をつけて冷凍するものがありますが、どちらも当日の手間は半減、お弁当作りの強い味方になります。

鶏ひき肉300g を使って、作りおきおかず

鶏ひき肉はひき肉の中でも安価で、味は淡白で使いやすいです。冷凍するとパサパサしやすいですが、もも肉のひき肉なら脂が多く、冷凍してもふんわりジューシーな仕上がりです。

 **そのまま冷凍 1か月**

小分けにしてラップに包んで冷凍します。再冷凍にならないよう、生肉をミンチにしたものを選びましょう。

×3回分

1 のしどり

⏱10min / 106kcal

のりと青のりの香りが食欲をそそるおかずです。

 調理済みを冷凍 → 当日は 5分 で完成!

×3回分

2 鶏つくね焼き

⏱15min / 126kcal

定番&人気のおかずは一口大ならお弁当に入れるだけ。

 調理済みを冷凍 → 当日は 5分 で完成!

×3回分

3 ふんわりナゲット

⏱10min / 150kcal

豆腐とマヨネーズを加えれば、冷凍してもふんわりやわらか。

 調理済みを冷凍 → 当日は 5分 で完成!

1 のしどり

★材料（3回分）

鶏ひき肉…100g

A
- 溶き卵…¼個分
- 片栗粉…大さじ⅔
- おろししょうが…小さじ1
- 酒、砂糖…各小さじ1
- みそ…小さじ1

焼きのり（全形）…½枚

青のり…適量

サラダ油…大さじ⅔

★作り方

① ボウルに鶏ひき肉、Aを入れ、粘りが出るまでよく混ぜる。
② 焼きのりに①を平らに塗り広げ、上に青のりをまんべんなく散らす。
③ フライパンにサラダ油を中火で熱し、②の焼きのり面を下にして焼く。
④ うっすら焼き色がついたら裏返して中まで火を通し、食べやすく切り分け、粗熱がとれたら冷凍する。

保存法 ⇒冷凍1か月

1枚ずつラップに包んで、冷凍用保存袋に入れて冷凍する。

 詰めるときは

電子レンジで解凍、温めをして冷ましてから弁当に詰める。

---

2 鶏つくね焼き

★材料（3回分）

鶏ひき肉…100g

キャベツ…30g

長ねぎ…20g

溶き卵…¼個分

A
- 酒、みりん…各大さじ1
- しょうゆ…小さじ2

サラダ油…大さじ1

★作り方

① キャベツ、長ねぎはみじん切りにする。
② ボウルに鶏ひき肉、①、溶き卵を入れてよく混ぜ、6等分にして小判形に成形する。
③ フライパンにサラダ油を中火で熱し、②を並べて両面を焼き、Aを加えて煮からめ、粗熱がとれたら冷凍する。

保存法 ⇒冷凍1か月

1個ずつラップに包んで、冷凍用保存袋に入れて冷凍する。

 詰めるときは

電子レンジで解凍、温めをして冷ましてから弁当に詰める。

---

3 ふんわりナゲット

★材料（3回分）

鶏ひき肉…100g

絹ごし豆腐…50g

A
- マヨネーズ、片栗粉、小麦粉…各大さじ1
- 酒…大さじ½
- 塩、こしょう…各少々

揚げ油…適量

★作り方

① 絹ごし豆腐は水きりする。
② ボウルに鶏ひき肉、①、Aを入れてよく混ぜ、6等分にする。
③ フライパンに揚げ油を2cm深さに入れて中火で熱し、②をスプーンで落として両面こんがりと揚げ焼きにし、粗熱がとれたら冷凍する。

保存法 ⇒冷凍1か月

冷凍用保存袋に入れ、空気をしっかり抜いて冷凍する。

 詰めるときは

電子レンジで解凍、温めをして冷ましてから弁当に詰める。解凍後、オーブントースターで軽く焼くと香ばしくておいしい。

合いびき肉200g を使って、作りおきおかず

牛肉の濃いうまみと豚肉のコクの両方のおいしさが詰まっています。よくこねて肉汁を閉じ込め、口当たりのよい肉だねに。

まずは基本の**ハンバーグだね**を作ろう!

★ハンバーグだねの材料
合いびき肉200g、玉ねぎ¼個、サラダ油小さじ2、**A**（パン粉大さじ3、牛乳大さじ3、溶き卵1個分、塩、こしょう各少々）

★ハンバーグだねの作り方
① 玉ねぎはみじん切りにし、耐熱容器に入れてサラダ油を加え、ふんわりラップをかけて電子レンジ（600W）で1分加熱する。
② ボウルに合いびき肉、①、**A**を入れて、よく混ぜる。

×**3**回分

1 ハンバーグ
20min
115kcal

子供が大好きなおかずの定番！
手でしっかりこねてジューシーに。

 調理済みを冷凍 → 当日は5分で完成！

×**3**回分

2 ピーマン肉詰め
20min
164kcal

肉汁たっぷりのやわらか肉だねを詰めれば
ピーマンの苦みなし！

 調理済みを冷凍 → 当日は5分で完成！

×**5**回分

3 コーンシュウマイ
20min
56kcal

甘いコーンをまとった
コクのあるプリッとしたシュウマイです。

 調理済みを冷凍 → 当日は5分で完成！

1 ハンバーグ

★材料（3回分）
ハンバーグだね…⅓量
サラダ油…大さじ1

★作り方
① ハンバーグだねを3等分にし、小判形に成形する。
② フライパンにサラダ油を中火で熱し、①を入れて2分ほど焼く。焼き色がついたら裏返し、ふたをして弱火でさらに5分ほど蒸し焼きにし、粗熱がとれたら冷凍する。

保存法 ⇒冷凍1か月

1個ずつラップに包んで、冷凍用保存袋に入れて冷凍する。

 詰めるときは

電子レンジで解凍、温めをして冷ましてから弁当に詰める。

---

2 ピーマン肉詰め

★材料（3回分）
ハンバーグだね…⅓量
ピーマンの輪切り（1cm幅）…6個
小麦粉…少々
サラダ油…大さじ1

★作り方
① ピーマンの輪切りに小麦粉を茶こしで薄くふり、ハンバーグだねをきっちり詰める。
② フライパンにサラダ油を中火で熱し、①を入れて2分ほど焼く。焼き色がついたら裏返し、ふたをして弱火で5分ほど蒸し焼きにし、粗熱がとれたら冷凍する。

保存法 ⇒冷凍1か月

1個ずつラップに包んで、冷凍用保存袋に入れて冷凍する。

 詰めるときは

電子レンジで解凍、温めをして冷ましてから弁当に詰め、トマトケチャップ適量をつける。

---

3 コーンシュウマイ

★材料（5回分）
ハンバーグだね…⅓量
A ┌ ホールコーン（缶詰）…30g
　　片栗粉…大さじ⅔
　　しょうゆ…小さじ½
　└ 塩、こしょう…各少々

★作り方
① ボウルにハンバーグだね、**A**を入れてよく混ぜ、10等分に丸める。
② 耐熱容器にクッキングシートを敷き、①を並べてふんわりとラップをし、電子レンジ（600W）で4分ほど加熱し、粗熱がとれたら冷凍する。

保存法 ⇒冷凍1か月

1回分（2個）ずつラップに包んで、冷凍用保存袋に入れて冷凍する。

 詰めるときは

電子レンジで解凍、温めをして冷ましてから弁当に詰める。

合いびき肉200gを使って、作りおきおかず

豚こま切れ肉300g を使って、作りおきおかず

豚肉は部位によっては意外とかたいものですが、こま切れ肉ならパクッと口に放り込めるはず。まとめて形を整えるとかたまり肉と同じように使えて、歯ざわりもやわらかくジューシーです。

 **そのまま冷凍 1か月**

小分けにしてラップに包んで冷凍します。なるべく平らにすると、解凍しやすくなります。

×3回分

1 豚肉とれんこんのきんぴら

15 min
122kcal

れんこんのシャキシャキ食感が楽しい！

 調理済みを冷凍  当日は 5分 で完成！

×3回分

2 豚肉の竜田揚げ

15 min
109kcal

サクッと香ばしい揚げ焼きは冷めてもおいしいのがうれしい。

調理済みを冷凍  当日は 5分 で完成！

×3回分

3 豚肉のしょうが焼き

10 min
93kcal

甘辛いたれをもみ込めば冷凍してもおいしさそのまま。

 下味をつけて冷凍 当日は 10分 で完成！

1 豚肉とれんこんのきんぴら

★材料（3回分）
豚こま切れ肉…100g
れんこん…50g
片栗粉…小さじ1
A［ しょうゆ、酒、砂糖
　　　…各大さじ½
　　　白炒りごま…小さじ½
サラダ油…小さじ2

★作り方
① 豚こま切れ肉は大きければ食べやすい大きさに切り、片栗粉をまぶす。
② れんこんは皮をむき、薄いいちょう切りにする。
③ フライパンにサラダ油を中火で熱し、①を入れて炒め、肉の色が変わったら②を加えて炒める。
④ **A**を加えて炒め合わせ、粗熱がとれたら冷凍する。

保存法 ⇒**冷凍1か月**

1回分ずつラップにのせて平らに包み、冷凍用保存袋に入れて冷凍する。

 詰めるときは
電子レンジで解凍、温めをして冷ましてから弁当に詰める。

---

2 豚肉の竜田揚げ

★材料（3回分）
豚こま切れ肉…100g
A［ しょうゆ…大さじ½
　　　おろししょうが…小さじ⅓
片栗粉…適量
揚げ油…適量

★作り方
① ボウルに豚こま切れ肉、**A**を入れてよく混ぜる。
② ①を9等分にしてふんわりと丸め、片栗粉をまぶす。
③ フライパンに揚げ油を2cm深さに入れて熱し、②を入れてこんがりと揚げ焼きにし、粗熱がとれたら冷凍する。

保存法 ⇒**冷凍1か月**

冷凍用保存袋に入れ、空気をしっかり抜いて冷凍する。

 詰めるときは
電子レンジで解凍、温めをして冷ましてから弁当に詰める。解凍後、オーブントースターで軽く焼いてカリッとさせても。

---

3 豚肉のしょうが焼き

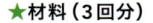

★材料（3回分）
豚こま切れ肉…100g
塩、こしょう…各少々
A［ みりん、酒…各小さじ1
　　　しょうゆ、砂糖
　　　…各小さじ½
　　　おろししょうが…少々

★作り方
① 豚こま切れ肉は大きければ食べやすい大きさに切り、塩、こしょうをふる。
② ボウルに①、**A**を入れてよくもみ込み、冷凍する。

保存法 ⇒**冷凍1か月**

1回分ずつラップに薄く広げて平らに包み、冷凍用保存袋に入れて冷凍する。

当日の調理は
電子レンジで解凍後、サラダ油少々をひいて中火で熱したフライパンで炒め、汁けがなくなるまで煮からめる。

鶏もも肉600g を使って、作りおきおかず

適度な脂身があり、コクのある肉です。皮は子供にはかみ切りにくいので、取り除くのがポイント。こんがり焼くとプリッとして、うまみも出ます。

そのまま冷凍 1か月

使いやすい大きさに切り分け、ラップに包んで冷凍。日本酒を少々ふりかけてから冷凍すると、保存性がUP。

×3回分

1 鶏のから揚げ

20min 204kcal

しっかり下味をつけた鶏肉をこんがり揚げ焼きにしたら大満足の味。

 調理済みを冷凍 → 当日は 5分 で完成!

×3回分

2 タンドリーチキン

20min 197kcal

スパイシーなカレー味は子供も大好き。ケチャップを加えてマイルドに。

 調理済みを冷凍 → 当日は 5分 で完成!

×3回分

3 チキンピカタ

15min 253kcal

冷凍しても味が落ちにくいやわらかあっさりピカタ。

 調理済みを冷凍 → 当日は 5分 で完成!

1 鶏のから揚げ

★材料（3回分）
鶏もも肉…1枚（200g）
A［しょうゆ…大さじ2
　　酒…大さじ2
片栗粉…適量
揚げ油…適量

★作り方
① 鶏もも肉は皮を取り除いて9等分に切り、Aに10分ほど漬け込む。
② ①に片栗粉をまぶす。
③ フライパンに揚げ油を2cm深さに入れて中火で熱し、②を両面こんがりと揚げ焼きにし、粗熱がとれたら冷凍する。

保存法 ⇒冷凍1か月
冷凍用保存袋に入れ、空気をしっかり抜いて冷凍する。

🍊 **詰めるときは**
電子レンジで解凍、温めをして冷ましてから弁当に詰める。解凍後、オーブントースターで軽く焼いても香ばしくおいしい。

---

2 タンドリーチキン

★材料（3回分）
鶏もも肉…1枚（200g）
A［プレーンヨーグルト
　　　…大さじ5
　　トマトケチャップ
　　　…大さじ1
　　おろししょうが…小さじ1
　　しょうゆ…小さじ⅔
　　カレー粉…小さじ½
　　塩…少々
サラダ油…大さじ1

★作り方
① 鶏もも肉は皮を取り除き、9等分に切る。
② Aを混ぜ合わせ、①を入れてよくもみ込み、10分以上漬け込む。
③ フライパンにサラダ油を中火で熱し、汁けを軽くきった②を並べ、両面こんがり焼き、粗熱がとれたら冷凍する。

保存法 ⇒冷凍1か月
1回分（3個）ずつラップに包んで、冷凍用保存袋に入れて冷凍する。

🍊 **詰めるときは**
電子レンジで解凍、温めをして冷ましてから弁当に詰める。解凍後、オーブントースターで軽く焼くと香ばしさも復活！

---

3 チキンピカタ

★材料（3回分）
鶏もも肉…1枚（200g）
A［溶き卵…1個分
　　粉チーズ…大さじ2
　　塩…少々
小麦粉…適量
サラダ油…大さじ1

★作り方
① 鶏もも肉は皮を取り除き、9等分のそぎ切りにし、小麦粉をまぶす。
② ボウルにAを混ぜ合わせる。
③ フライパンにサラダ油を中火で熱し、①を②にくぐらせて両面を焼き、粗熱がとれたら冷凍する。

保存法 ⇒冷凍1か月
冷凍用保存袋に入れ、空気をしっかり抜いて冷凍する。

🍊 **詰めるときは**
電子レンジで解凍、温めをして冷ましてから弁当に詰め、トマトケチャップ適量をつける。

牛薄切り肉300g を使って、作りおきおかず

濃厚なうまみがあり、やわらかいので子供も大好き。火の通りが早いため、おいしい下味をつけて冷凍保存しておけば、忙しい朝でもさっと完成！

そのまま冷凍 1か月

使いやすい量に分け、肉を重ならないように広げてラップに包み、冷凍用保存袋に入れて冷凍します。

---

1 野菜の肉巻き

15 min / 165kcal

×2 回分

ボリュームたっぷりでも甘辛味なら野菜もモリモリ食べられて栄養満点！

 調理済みを冷凍 → 当日は 5分 で完成！

---

2 牛肉のケチャップ炒め

10 min / 128kcal

×3 回分

ケチャップ味なら子供も文句ナシ！
味をしっとりからめたお弁当向きの一品。

 下味をつけて冷凍 → 当日は 10分 で完成！

---

3 牛肉とまいたけの炒め煮

10 min / 114kcal

×3 回分

保存向きのしっかり味でご飯がすすみます。

  下味をつけて冷凍 → 当日は 10分 で完成！

1 野菜の肉巻き

★材料（2回分）
牛薄切り肉…4枚（100g）
塩、こしょう…各少々
さやいんげん…4本
にんじん（1cm角×長さ5cm
の棒状）…8本
A［しょうゆ、みりん、砂糖
　…各小さじ½
サラダ油…小さじ1

★作り方
① さやいんげんはすじを取って半分の長さに切り、にんじんとともにさっとゆでる。
② 牛薄切り肉を広げ、塩、こしょうをふり、①を手前に置いて巻く。
③ フライパンにサラダ油を熱し、②を転がしながら焼き、合わせたAを加えて煮からめ、粗熱がとれたら冷凍する。

保存法 ⇒ 冷凍1か月

1回分（2本）ずつラップに包んで、冷凍用保存袋に入れて冷凍する。

 詰めるときは
電子レンジで解凍、温めをして冷ましてから弁当に詰める。

牛薄切り肉300gを使って、作りおきおかず

---

2 牛肉のケチャップ炒め

★材料（3回分）
牛薄切り肉…100g
塩、こしょう…各少々
玉ねぎ…¼個
A［トマトケチャップ
　…大さじ2
　ウスターソース、みりん
　…各小さじ2

★作り方
① 牛薄切り肉は3cm幅に切り、塩、こしょうをふる。玉ねぎは薄切りにする。
② ボウルに①、Aを入れてよくもみ込み、冷凍する。

保存法 ⇒ 冷凍1か月

たれも等分に分けて1回分ずつラップに包み、冷凍用保存袋に入れて冷凍する。

 当日の調理は
電子レンジで解凍後、サラダ油少々をひいて中火で熱したフライパンで炒め、汁けがなくなるまで煮からめる。

---

3 牛肉とまいたけの炒め煮

★材料（3回分）
牛薄切り肉…100g
まいたけ…30g
A［砂糖…大さじ1
　しょうゆ…大さじ½
　おろししょうが…少々

★作り方
① 牛薄切り肉を2cm幅に切る。まいたけは石づきを取ってほぐす。
② ボウルに①、Aを入れてよくもみ込み、冷凍する。

保存法 ⇒ 冷凍1か月

たれも等分に分けて1回分ずつラップに包み、冷凍用保存袋に入れて冷凍する。

 当日の調理は
電子レンジで解凍後、サラダ油少々をひいて中火で熱したフライパンで炒め、汁けがなくなるまで煮からめる。

生鮭3切れ を使って、作りおきおかず

季節を問わず手に入り、うまみが濃い魚。ほんのりピンク色で彩りがよいので、お弁当向き。表面に味をしっかりまとわせると、冷凍しても味が落ちにくい！

そのまま冷凍 2週間

表面の水けをペーパータオルで拭き取って、1切れずつラップに包み、冷凍用保存袋に入れて冷凍します。

×3回分

1 鮭の照り焼き

5 min / 68kcal

甘辛だれの照り焼きは子供にも大人気のおいしさ。

 下味をつけて冷凍 → 当日は 10分 で完成！

×3回分

2 鮭バーグ

15 min / 107kcal

鮭の香りがうれしい！マヨネーズ効果でパサつかずコクのある仕上がりに。

 調理済みを冷凍 → 当日は 5分 で完成！

×4回分

3 鮭のパン粉焼き

10 min / 48kcal

とろ〜り溶けたたっぷりチーズと鮭の相性バツグン。

 下味をつけて冷凍 → 当日は 10分 で完成！

1 鮭の照り焼き

★材料（3回分）

生鮭…1切れ

A ┌ しょうゆ…大さじ⅔
　├ 砂糖、みりん
　└ 　…各小さじ2

★作り方

① 生鮭は骨と皮を取り除いて3等分に切る。
② 冷凍用保存袋に①、Aを入れてよくなじませ、冷凍する。

保存法 ⇒冷凍1か月

冷凍用保存袋に入れ、空気をしっかり抜いて冷凍する。袋のまま割って使う。

🍲 当日の調理は

電子レンジで解凍後、サラダ油少々をひいて中火で熱したフライパンで両面を焼き、漬け汁を煮からめて照り焼きにする。

---

2 鮭バーグ

★材料（3回分）

生鮭…1切れ

A ┌ パン粉…大さじ2
　├ 牛乳…大さじ1
　├ マヨネーズ…小さじ2
　├ しょうゆ…小さじ⅓
　└ 塩、こしょう…各少々
サラダ油…大さじ1

★作り方

① 生鮭は骨と皮を取り除いて包丁で細かくたたき、ボウルに入れる。
② ①にAを加えて粘りが出るまでよく混ぜ、3等分にして小判形に成形する。
③ フライパンにサラダ油を中火で熱し、②を2分ほど焼く。焼き色がついたら裏返し、ふたをして弱火で5分ほど蒸し焼きにし、粗熱がとれたら冷凍する。

保存法 ⇒冷凍1か月

1個ずつラップに包んで、冷凍用保存袋に入れて冷凍する。

🍊 詰めるときは

電子レンジで解凍、温めをして冷ましてから弁当に詰める。

---

3 鮭のパン粉焼き

★材料（4回分）

生鮭…1切れ
こしょう…少々
スライスチーズ…1枚
パン粉…大さじ1
粉チーズ…小さじ½
パセリ（みじん切り）…少々

★作り方

① 生鮭は骨と皮を取り除いて、スライスチーズとともに4等分に切る。
② 耐熱カップに①の生鮭を入れ、こしょうをふり、①のスライスチーズをのせ、パン粉、粉チーズ、パセリを全体にまぶす。同様にあと3個作り、冷凍する。

保存法 ⇒冷凍1か月

1個ずつラップに包んで、冷凍用保存袋に入れて冷凍する。

🍲 当日の調理は

前日に冷蔵庫に移して解凍後、オーブントースターで10分ほど焼く。

かじきまぐろ3切れ を使って、作りおきおかず

骨がなく、魚の臭みも少ないので子供も大好き！ 扱いやすいので、冷凍保存向きの食材です。パサつかないよう、しっとり仕上げるのがコツ。

 **そのまま冷凍 2週間**

表面の水けをペーパータオルで拭き取って、1切れずつラップに包み、冷凍用保存袋に入れて冷凍します。

---

1 かじきののり巻き揚げ

15 min / 80kcal

磯の風味が食欲をそそる！
揚げ焼きで香ばしく仕上げて。

×2 回分

 調理済みを冷凍 → 当日は 5分 で完成！

2 かじきのカレーソテー

10 min / 95kcal

マヨネーズで焼くとしっとり仕上がってコクもUP。
カレー風味でいつもとは違った魚料理に。

×2 回分

 調理済みを冷凍 → 当日は 5分 で完成！

3 みそ漬けかじき

5 min / 81kcal

甘みそ味で骨のないかじきなら
魚嫌いの子供でも喜んで食べてくれます！

×2 回分

 下味をつけて冷凍 → 当日は 10分 で完成！

1 かじきののり巻き揚げ

★材料（2回分）
かじきまぐろ…1切れ
A ［ しょうゆ、みりん
　　…各小さじ1
焼きのり（2×5cm）…4枚
片栗粉…適量
揚げ油…適量

★作り方
① かじきまぐろは縦4等分の棒状に切り、Aに5分ほど漬け込む。
② ①に焼きのりを巻き、片栗粉をまぶす。
③ フライパンに揚げ油を2cm深さに入れて中火で熱し、②を両面こんがりと揚げ焼きにし、粗熱がとれたら冷凍する。

保存法 ⇒冷凍1か月

1回分（2個）ずつラップに包んで、冷凍用保存袋に入れて冷凍する。

🍊 詰めるときは
電子レンジで解凍、温めをして冷ましてから弁当に詰める。解凍後、オーブントースターで軽く焼くと水っぽくなくなる。

---

2 かじきのカレーソテー

★材料（2回分）
かじきまぐろ…1切れ
塩…少々
A ［ カレー粉…小さじ1
　　小麦粉…大さじ1
マヨネーズ…小さじ2

★作り方
① かじきまぐろは6等分に切り、塩をふる。
② ①に合わせたAを薄くまぶす。
③ フライパンにマヨネーズを中火で熱し、②を並べ、焼き色がつくまで両面を焼き、粗熱がとれたら冷凍する。

保存法 ⇒冷凍1か月

1回分ずつラップに包んで、冷凍用保存袋に入れて冷凍する。

🍊 詰めるときは
電子レンジで解凍、温めをして、冷ましてから弁当に詰める。

---

3 みそ漬けかじき

★材料（2回分）
かじきまぐろ…1切れ
A ［ みそ…20g
　　酒…大さじ1
　　みりん…小さじ½

★作り方
① かじきまぐろは4等分に切る。
② ボウルに①、Aを入れて混ぜ、冷凍する。

保存法 ⇒冷凍1か月

みそごと1回分ずつラップに包んで、冷凍用保存袋に入れて冷凍する。

🍳 当日の調理は
電子レンジで解凍後、みそをこそげ落とし、サラダ油少々をひいて弱火で熱したフライパンで、焼き色がつくまで両面を焼く。

鶏ささみ6本 を使って、作りおきおかず

あっさりとしたうまみがあり、どんな料理にも使いやすい食材です。やわらかい口当たりで子供も食べやすい！ しっかりめの味をつけるとお弁当にぴったり。

 **そのまま冷凍 2週間**

すじを取り、1本ずつラップに包んで冷凍します。日本酒をふりかけて冷凍すると、保存性がUP。

×**4** 回分

1 鶏天

20 min
94kcal

にんにくが隠し味のふわふわ鶏天は冷凍しやすくお弁当にぴったり。

 調理済みを冷凍 → 当日は **5** 分 で完成！

 ×**3** 回分

2 ささみの梅しそ巻き

15 min
77kcal

あっさりささみと梅干しが好相性。さわやかな味で子供にも意外と人気！

 調理済みを冷凍 → 当日は **5** 分 で完成！

×**4** 回分

3 ささみの中華炒め

10 min
49kcal

こってり中華は食がすすむ！やわらかい鶏ささみに味がしっかりしみます。

  下味をつけて冷凍  → 当日は **10** 分 で完成！

1 鶏天

★材料（4回分）
鶏ささみ…2本
A 「 酒…大さじ½
　　しょうゆ…小さじ½
　　おろしにんにく、塩
　　　…各少々
片栗粉、小麦粉…各大さじ1
B 「 溶き卵…½個分
　　冷水…大さじ2
揚げ油…適量

★作り方
① 鶏ささみはすじを取って4等分のそぎ切りにし、Aに30分ほど漬ける。
② ボウルに片栗粉、小麦粉を入れて菜箸で混ぜ、Bを加えてさっくりと混ぜ合わせる。
③ 鍋に揚げ油を2cm深さに入れて中火で熱し、①を②にくぐらせて両面をこんがりと揚げ焼きにし、粗熱がとれたら冷凍する。

保存法 ⇒冷凍1か月

冷凍用保存袋に入れ、空気をしっかり抜いて冷凍する。

 詰めるときは
オーブントースターにアルミホイルを敷き、両面をカリッと焼き、冷ましてからお弁当に詰める。

---

2 ささみの梅しそ巻き

★材料（3回分）
鶏ささみ肉…2本
塩、こしょう…各少々
酒…大さじ1
青じそ…2枚
梅干し…1個
ごま油…大さじ1

★作り方
① 鶏ささみはすじを取り除き、観音開きにして、塩、こしょう、酒をふる。梅干しは種を取って包丁でたたく。
② ①の鶏ささみに、たたいた梅干しの半量を全体に塗り、青じそ1枚をのせて端からクルクル巻く。
③ フライパンにごま油を中火で熱し、②の巻き終わりを下にして焼き、転がしながら全体に焼き色がつくまで焼く。粗熱がとれたら1本を3等分に切って、冷凍する。

保存法 ⇒冷凍1か月

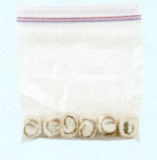

乾燥しやすいので1個ずつラップに包んで、冷凍用保存袋に入れて冷凍する。

 詰めるときは
電子レンジで解凍、温めをして、冷ましてから弁当に詰める。

---

3 ささみの中華炒め

★材料（4回分）
鶏ささみ肉…2本
ピーマン…2個
赤ピーマン…1個
たけのこ（水煮）…60g
A 「 オイスターソース
　　　…小さじ½
　　酒、しょうゆ…各小さじ1

★作り方
① 鶏ささみはすじを取り除き、3cm長さの棒状に切る。
② ピーマン、赤ピーマン、たけのこは3cm長さの細切りにする。
③ ボウルに①、②、Aを入れてよく混ぜ、冷凍する。

保存法 ⇒冷凍1か月

たれも等分に分けて1回分ずつラップに包み、冷凍用保存袋に入れて冷凍する。

当日の調理は
電子レンジで解凍後、サラダ油少々をひいて強火で熱したフライパンで炒める。

冷凍食品で手抜き弁当

あると大助かりの市販の冷凍食品。あっという間に完成するので忙しい朝にぜひ！

冷凍チキンライスで

ふわふわオムライス弁当

★作り方 ⏱5min

ボウルに卵1個を溶きほぐし、牛乳小さじ2、粉チーズ小さじ1、塩、こしょう各少々を加えてよく混ぜ合わせたら、バター10gを溶かしたフライパンで炒め、スクランブルエッグ状に。温めた**冷凍チキンライス**の上にのせ、トマトケチャップをかけて完成。

冷凍ハンバーグ・冷凍とんカツで

バターロールサンド弁当

★作り方 ⏱10min

バターロール2個を半分に切ってバターを塗り、1個はリーフレタス、温めた**冷凍とんカツ**、せん切りキャベツの順に、もう1個はリーフレタス、温めた**冷凍ハンバーグ**の順にしてトマトケチャップをかける。2個ともバターロールにはさめば完成。

冷凍鶏のから揚げで

親子丼弁当

★作り方 ⏱5min

フライパンに麺つゆ（ストレート）、水各大さじ2を入れてひと煮立ちさせ、玉ねぎ（薄切り）⅛個分を入れて煮て、温めた**冷凍鶏のから揚げ**を加える。溶き卵1個分を回し入れ、ふたをして煮たらご飯の上にのせて完成。ゆでた花型にんじんやグリーンピースを飾っても。

PART 4

\ 子供が喜ぶこと間違いなし！ /

お弁当の**おかずカタログ**

子供が好きな食材をピックアップして、
おかずを82レシピも集めました。
おかずによっては主菜にも副菜にもなるので、
他のおかずとのバランスで選んでみて♪

★ PART4のポイント： **子供の大スキ食材がいっぱい！**

大スキ♡食材①
コーン
のおかず

甘いコーンは子供が大好きな食材のひとつ。料理の彩りにも一役買ってくれます。缶詰のホールコーンや冷凍コーンを使えば、調理も簡単です。

3 min
81 kcal

コーンとピーマンの
チーズソテー

★材料（1人分）
ホールコーン（缶詰）60g、ピーマン20g、A［粉チーズ大さじ½、塩、こしょう各少々］、サラダ油小さじ½

★作り方
① ピーマンは細切りにする。
② フライパンにサラダ油を熱し、①、缶汁をきったホールコーンを入れて炒め、Aで味を調える。

3 min
141 kcal

コーンとトマトの
サラダ

★材料（1人分）
ホールコーン（缶詰）大さじ2、トマト（小）½個、ゆで卵½個、A［マヨネーズ小さじ2、塩、こしょう各少々］

★作り方
① トマトはヘタと種を取って角切りに、ホールコーンは缶汁をきる。
② ゆで卵はみじん切りにし、Aと混ぜ合わせ、①を加えてあえる。

3 min
99 kcal

コーンとにんじんの
コロコロサラダ

★材料（1人分）
ホールコーン（缶詰）大さじ3、にんじん30g、A［マヨネーズ小さじ2、塩、こしょう各少々］

★作り方
① にんじんは皮をむき、7mm角に切り、熱湯でさっとゆでる。ホールコーンは缶汁をきる。
② ①をAであえる。

5 min
173 kcal

コーンクリームの
カップグラタン

★材料（1人分）
コーンクリーム（缶詰）大さじ2、A［ミックスベジタブル（冷凍など）大さじ1、マヨネーズ小さじ1］、粉チーズ小さじ1

★作り方
① 耐熱カップに合わせたAを入れてコーンクリームをかけ、粉チーズをふる。
② ①をオーブントースターで焼き色がつくまで焼く。

1 min
134 kcal

コーンの
タルタルソースあえ

★材料（1人分）
ホールコーン（缶詰）大さじ3、タルタルソース（市販品）小さじ2

★作り方
ホールコーンの汁けをきってタルタルソースとあえる。

⏱ 3 min
86 kcal

コーンとはんぺんの マヨ炒め

★材料（1人分）
ホールコーン（缶詰）大さじ4、はんぺん3cm角1枚、こしょう少々、マヨネーズ小さじ1

★作り方
① はんぺんは1cm角に切る。
② フライパンにマヨネーズを熱し、①と缶汁をきったホールコーンを炒め、こしょうをふる。

⏱ 5 min
72 kcal

コーンと春雨の 中華サラダ

★材料（1人分）
ホールコーン（缶詰）大さじ4、緑豆春雨10g、中華風ドレッシング（市販品）小さじ1

★作り方
① 緑豆春雨は袋の表示通りにゆでて水けをきり、食べやすく切る。
② ①と缶汁をきったホールコーンをドレッシングであえる。

⏱ 5 min
286 kcal

コーンとウインナーの チーズあえ

★材料（1人分）
ホールコーン（缶詰）60g、ウインナーソーセージ2本、塩、こしょう各適量、クリームチーズ30g、サラダ油適量、パセリ（みじん切り）少々

★作り方
① フライパンにサラダ油を熱し、缶汁をきったホールコーン、輪切りにしたウインナーを炒め、塩、こしょうで味を調える。
② 室温に戻したクリームチーズと①を混ぜ合わせ、再び塩、こしょうで味を調えて、パセリを散らす。

⏱ 3 min
73 kcal

コーンと豆のバター炒め

★材料（1人分）
ホールコーン（缶詰）大さじ4、ミックスビーンズ20g、塩少々、バター3g

★作り方
① ホールコーンとミックスビーンズは汁けをきる。
② フライパンにバターを熱し、①を炒め、塩で味を調える。

⏱ 5 min
261 kcal

コーンのチーズお焼き

★材料（1人分）
ホールコーン（缶詰）大さじ3、プロセスチーズ15g、A[小麦粉大さじ3、溶き卵½個分、こしょう少々]、サラダ油適量

★作り方
① ボウルにAを入れてよく混ぜ、角切りにしたプロセスチーズ、缶汁をきったホールコーンを混ぜ合わせる。
② フライパンにサラダ油を薄く熱し、①を2等分して流し入れて両面こんがりと焼く。

⏱ 5 min
122 kcal

コーンのかき揚げ

★材料（1人分）
ホールコーン（缶詰）大さじ4、天ぷら粉大さじ1¼、水大さじ1、パセリ（みじん切り）少々、揚げ油適量

★作り方
① ボウルに天ぷら粉、分量の水を入れてよく混ぜ、缶汁をきったホールコーン、パセリを加えて混ぜ合わせる。
② 170℃の油に、①をスプーンで一口分ずつ落とし入れてカラッと揚げる。

大スキ♡食材❷
じゃがいも
のおかず

どんな食材とも相性がよく、味つけを選ばない万能食材。一年中手に入り、冷暗所で長期保存もできるので、お弁当作りには欠かせません。

| | 10 min | 54 kcal |

コロコロ3色ポテト

★材料（1人分）
じゃがいも ½個（60g）、牛乳小さじ1、A［トマトケチャップ小さじ⅓］、B［青のり小さじ⅓、塩少々］、C［鮭フレーク小さじ1］

★作り方
① じゃがいもは皮をむいて輪切りにし、やわらかくゆでてフォークなどでつぶす。
② 牛乳を加えてなめらかに混ぜて3等分し、A、B、Cをそれぞれに混ぜて一口大に丸める。

| | 5 min | 64 kcal |

ポテトのカレー炒め

★材料（1人分）
じゃがいも ½個（60g）、A［カレー粉、塩各少々］、サラダ油小さじ ½、パセリ（みじん切り）少々

★作り方
① じゃがいもは皮をむいて細切りにして水にさらし、ザルにあげて水けをよくきる。
② フライパンにサラダ油を熱して①を炒め、Aを加えて炒め合わせ、パセリをふる。

| | 10 min | 46 kcal |

粉ふきいものしそ風味

★材料（1人分）
じゃがいも ½個（60g）、赤しそのふりかけ少々

★作り方
① じゃがいもは皮をむいて小さめの乱切りにし、やわらかくゆでる。
② ゆで汁をきって火にかけ、鍋をゆすりながら水けをとばして粉ふきいもにし、赤しそのふりかけを加えてあえる。

| | 5 min | 69 kcal |

じゃがいものみそマヨあえ

★材料（1人分）
じゃがいも ½個（60g）、A［マヨネーズ小さじ1、みそ、白すりごま各小さじ ½］

★作り方
① じゃがいもは皮をむいて細切りにして水にさらし、やわらかくゆでてザルにあげる。
② ①をAであえる。

| | 5 min | 77 kcal |

じゃがいものバターじょうゆ

★材料（1人分）
じゃがいも ½個（60g）、A［バター4g、しょうゆ少々］

★作り方
① じゃがいもは皮つきのままラップをして電子レンジ（600W）で3分加熱する。
② ①が熱いうちに皮をむいてつぶし、Aを加えてあえる。

コンビーフ入りポテサラ

5 min / 122 kcal

★材料（1人分）
じゃがいも ½ 個（60g）、コンビーフ 20g、A［マヨネーズ小さじ 1、塩、こしょう各少々］

★作り方
① じゃがいもは皮つきのままラップをして電子レンジ（600W）で 3 分加熱する。
② ①が熱いうちに皮をむいてつぶし、ほぐしたコンビーフ、A を加えて混ぜ合わせる。

ジャーマンポテト

5 min / 115 kcal

★材料（1人分）
じゃがいも ½ 個（60g）、ベーコン ½ 枚、塩、こしょう各少々、サラダ油小さじ ⅔

★作り方
① じゃがいもは皮をむいていちょう切りに、ベーコンは 1cm 幅に切る。
② フライパンにサラダ油を熱して①を炒め、じゃがいもがやわらかくなったら塩、こしょうで味を調える。

スペイン風オムレツ

10 min / 146 kcal

★材料（1人分）
じゃがいも ½ 個（60g）、卵 1 個、A［牛乳小さじ 1、塩、こしょう各少々］、グリーンピース（水煮）5 粒、サラダ油小さじ ½、トマトケチャップ少々

★作り方
① じゃがいもは皮をむいて薄いいちょう切りにし、ラップをして電子レンジ（600W）で 2 分加熱する。
② ボウルに卵、A、①、グリーンピースを入れて混ぜ合わせる。
③ フライパンにサラダ油を熱し、2 を入れて丸く形作りながら両面を焼く。仕上げにトマトケチャップをかける。

タラモサラダ

5 min / 96 kcal

★材料（1人分）
じゃがいも ½ 個（60g）、たらこ ¼ 腹、牛乳小さじ 2、塩、こしょう各少々

★作り方
① じゃがいもは皮つきのままラップをして電子レンジ（600W）で 3 分加熱する。
② たらこは薄皮を取ってほぐす。
③ ①が熱いうちに皮をむいてつぶし、②、牛乳を加えて混ぜ合わせ、塩、こしょうで味を調える。

ポテトのチーズ焼き

5 min / 91 kcal

★材料（1人分）
じゃがいも ½ 個（60g）、ピザ用チーズ 10g、塩、こしょう各少々、パセリ（みじん切り）少々

★作り方
① じゃがいもは皮をむいて 4 等分に切り、ラップをして電子レンジ（600W）で 3 分加熱する。
② 耐熱カップに①を入れて塩、こしょうをふり、ピザ用チーズをのせてオーブントースターでチーズが溶けるまで焼き、パセリを散らす。

じゃがいものきんぴら

5 min / 81 kcal

★材料（1人分）
じゃがいも ½ 個（60g）、にんじん 20g、A［しょうゆ小さじ ½、こしょう少々］、サラダ油小さじ ½、ごま油小さじ ⅓

★作り方
① じゃがいもとにんじんは皮をむき、細切りにする。
② フライパンにサラダ油を熱して①を炒め、A を加えて味を調え、仕上げにごま油を回しかける。

ツナ
のおかず

サラダのトッピングだけじゃなく、炒めたり、煮たりと料理の具材にも手軽に使えるすぐれもの！　お魚が苦手な子供にもこれなら喜ばれます。

3 min / 125 kcal

ツナと赤ピーマンのマリネ

★材料（1人分）
ツナ（缶詰）大さじ1、赤ピーマン1個、A［酢大さじ2、サラダ油大さじ ½、レモン汁小さじ1、塩、こしょう各少々］

★作り方
① 赤ピーマンは種を取り除いて2cm角に切り、ツナは缶汁を軽くきる。
② 合わせたAに、①を加えてあえる。

3 min / 107 kcal

ツナとしめじのソテー

★材料（1人分）
ツナ（缶詰）大さじ2、しめじ40g、しょうゆ少々、オリーブ油小さじ ½

★作り方
① しめじは石づきを落としてほぐす。ツナは缶汁をきる。
② フライパンにオリーブ油を熱して①を炒め、しょうゆで味を調える。

5 min / 157 kcal

ツナとにんじんのサラダ

★材料（1人分）
ツナ（缶詰）½缶、にんじん20g、玉ねぎ⅛個、A［酢大さじ1、サラダ油大さじ ½、しょうゆ小さじ1、塩、こしょう各少々］

★作り方
① にんじんは皮をむいてせん切りにし、熱湯でさっとゆでる。玉ねぎはみじん切りにし、水に10分ほどさらす。
② 缶汁をきったツナと水けをきった①、Aを混ぜ合わせる。

5 min / 101 kcal

ツナとさやえんどうの甘辛炒め

★材料（1人分）
ツナ水煮（缶詰）大さじ2、さやえんどう10〜15枚（40g）、A［砂糖、しょうゆ各小さじ ¼、だし汁大さじ3］

★作り方
① さやえんどうはすじを取り、斜め半分に切る。ツナは缶汁をきる。
② 小鍋にA、①を入れて菜箸でときどき混ぜながら、水けがなくなるまで炒める。

10 min / 165 kcal

ツナと切り干し大根の炒め煮

★材料（1人分）
ツナ（缶詰）¼缶、切り干し大根（乾）5g、にんじん10g、さやえんどう2枚、白炒りごま小さじ1、A［だし汁大さじ3、砂糖小さじ ½、しょうゆ小さじ2］、サラダ油小さじ1

★作り方
① 切り干し大根は水で戻し、水けを絞ってざく切りにする。
② にんじんは皮をむき、さやえんどうはすじを取ってともに細切りにする。
③ フライパンにサラダ油を熱し、缶汁をきったツナ、①、②、白炒りごまを加えて炒め、Aを加えてさっと煮る。

ハム
のおかず

サラダやあえものにそのまま入れてもおいしく食べられますが、夏場にお弁当に入れるときは加熱して、お肉代わりに使うのがおすすめ!

③ 76 kcal

ハムと白菜のあえもの

★材料（1人分）
ハム1枚、白菜¼枚、塩少々、しょうゆ、白炒りごま各小さじ1

★作り方
① 白菜は細切りにして塩をふり、しんなりしてきたら水で軽く洗って水けをきる。ハムは細切りにする。
② ボウルに白菜、しょうゆを入れてもみ込み、ハム、白炒りごまを加えて混ぜ合わせる。

③ 88 kcal

ハムとにんじんのサラダ

★材料（1人分）
ハム½枚、にんじん20g、塩、こしょう各少々、フレンチドレッシング（市販品）大さじ1

★作り方
① にんじんは皮をむいてせん切りにし、塩、こしょうをふる。ハムは5mm幅の細切りにする。
② ①をフレンチドレッシングであえる。

③ 56 kcal

小松菜とハムのナッツソテー

★材料（1人分）
ロースハム1枚、小松菜1株、A［スライスアーモンド小さじ1、塩、こしょう各少々］、サラダ油小さじ½

★作り方
① ロースハムは6等分に切る。小松菜は3cm長さに切る。
② フライパンにサラダ油を熱して①を炒め、小松菜がしんなりしてきたらAを加えて炒め合わせる。

③ 110 kcal

ハムとキャベツの炒めもの

★材料（1人分）
ハム1枚、キャベツ2枚、A［しょうゆ小さじ½、塩、こしょう各少々］、サラダ油小さじ1

★作り方
① キャベツはざく切り、ハムは短冊切りにする。
② フライパンにサラダ油を熱し、①を炒め、Aで味を調える。

③ 146 kcal

ハムとさやえんどうの卵炒め

★材料（1人分）
ハム1枚、さやえんどう40g、A［卵½個、砂糖、塩各少々］、B［鶏がらスープ大さじ1、酒小さじ1、塩、こしょう各少々］、サラダ油、ごま油各小さじ1

★作り方
① さやえんどうはすじを取り、熱湯でさっとゆでて半分に切る。ハムは短冊切りにする。
② フライパンにサラダ油を熱し、合わせたAで炒り卵を作り、取り出す。
③ 同じフライパンにごま油を熱して①を炒め、Bを加えて水分が少なくなったら②を戻し、合わせる。

アスパラガス
のおかず

お弁当に入れると形や色合いがかわいくて子供ウケもバッチリ！ 繊維があるので、切り方や加熱時間は子供の成長に合わせて調整しましょう。

5 min
42 kcal

アスパラのたらこあえ

★材料（1人分）
グリーンアスパラガス2本、たらこ¼腹、水小さじ½

★作り方
① グリーンアスパラガスは根元のかたい部分を切り落とし、塩（分量外）を加えた熱湯でさっとゆで、水けをきって3cm長さに切る。
② たらこは薄皮を取ってほぐし、分量の水、①を加えてあえる。

3 min
12 kcal

アスパラの塩昆布蒸し

★材料（1人分）
グリーンアスパラガス2本、塩昆布3g、水小さじ⅓

★作り方
① グリーンアスパラガスは根元のかたい部分を切り落とし、2cm長さに切る。
② 耐熱皿に①と塩昆布、分量の水を入れて混ぜ、ラップをして電子レンジ（600W）で1分加熱する。

3 min
67 kcal

アスパラの
バター炒め串

★材料（1人分）
グリーンアスパラガス2本、バター3g、塩少々

★作り方
① グリーンアスパラガスは根元のかたい部分を切り落とし4等分に切り、つま楊枝に刺す。
② フライパンにバターを溶かして①を焼き、塩をふる。

5 min
119 kcal

アスパラの
ピーナッツあえ

★材料（1人分）
グリーンアスパラガス2本、A［ピーナッツバター小さじ1、だし汁小さじ½、しょうゆ少々］

★作り方
① グリーンアスパラガスは根元のかたい部分を切り落とし、2cm長さに切る。
② ①を塩（分量外）を加えた熱湯でゆでて水けをきり、混ぜ合わせたAであえる。

10 min
119 kcal

アスパラとじゃこの
マヨネーズあえ

★材料（1人分）
グリーンアスパラガス3本、ちりめんじゃこ大さじ1、A［マヨネーズ大さじ1、塩、こしょう各少々］

★作り方
① グリーンアスパラガスは根元のかたい部分を切り落とし、塩（分量外）を加えた熱湯でさっとゆで、水けをきって3cm長さに切る。
② ちりめんじゃこは耐熱皿に広げ、ラップをして電子レンジ（600W）で2分加熱する。
③ ①、②をAであえる。

枝豆
のおかず

緑色の野菜の中でも好きな子供が多い枝豆。冷凍枝豆なら、ちょっと彩りが足りないなというときもサッと使えて、忙しい朝にもぴったり！

5 min / 139 kcal

枝豆とベーコンのソテー

★材料（1人分）
枝豆80g（むき、正味40g）、ベーコン½枚、塩、こしょう各少々、オリーブ油適量

★作り方
① 枝豆は熱湯でゆでてさやから出し、薄皮を取る。ベーコンは1cm幅に切る。
② フライパンにオリーブ油を熱して①を炒め、塩、こしょうで味を調える。

15 min / 89 kcal

ひじきと枝豆のマリネ

★材料（1人分）
枝豆（むき、正味20g）10粒、ひじき（乾）5g、A［オリーブ油、酢各大さじ½、塩、こしょう各少々］

★作り方
① 枝豆は熱湯でゆでてさやから出し、薄皮を取る。水で戻したひじきは、水けをきってざく切りにする。
② 合わせたAに①を加えて10分ほど漬け込む。

5 min / 63 kcal

枝豆とたくあんののりあえ

★材料（1人分）
枝豆80g（むき、正味40g）、たくあん（薄切り）1枚（6g）、焼きのり⅛枚

★作り方
① 枝豆は熱湯でゆでてさやから出し、薄皮を取る。たくあんはさっと洗って1cm角に切る。
② ①に細かくちぎった焼きのりを加えてあえる。

5 min / 95 kcal

枝豆とかにかまのごま酢あえ

★材料（1人分）
枝豆80g（むき、正味40g）、かに風味かまぼこ1本、A［酢、砂糖、白すりごま各小さじ½］

★作り方
① 枝豆は熱湯でゆでてさやから出し、薄皮を取る。かに風味かまぼこは1cm幅に切ってほぐす。
② 合わせたAに①を加えてあえる。

5 min / 109 kcal

やわらか枝豆だんご

★材料（1人分）
枝豆40g（むき、正味20g）、鶏ひき肉40g、絹ごし豆腐20g、A［鶏がらスープの素小さじ½、水小さじ1、おろししょうが少々］

★作り方
① 枝豆は熱湯でゆでてさやから出し、薄皮を取る。
② ボウルに鶏ひき肉、水きりした豆腐、①、Aを入れてよく混ぜ合わせ4等分にする。
③ 耐熱皿に等間隔におき、ラップをして電子レンジ（600W）で1分30秒加熱する。

大スキ♡食材 7
さつまいも
のおかず

ほくほくして甘く、おやつ感覚で食べられるから子供も大好きな食材。フルーツやジャムとの相性は抜群ですが、サラダやあえものにもおすすめです。

5 min
132 kcal

さつまいものきんぴら

★材料（1人分）
さつまいも60g、ごま油小さじ1、A[酒、砂糖、しょうゆ各小さじ1]、黒炒りごま少々

★作り方
① さつまいもは皮つきのまません切りにし、水にさらして水けをきる。
② 鍋にごま油を熱して①をさっと炒め、Aで味を調え、黒炒りごまを散らす。

10 min
112 kcal

大学いも

★材料（1人分）
さつまいも50g、バター3g、はちみつ小さじ1、黒炒りごま少々

★作り方
① さつまいもは皮つきのまま乱切りにして水にさらし、水けをきって耐熱容器に入れ、ラップをかけて電子レンジ（600W）で5分加熱する。
② フライパンにバターを溶かし、①を炒めて表面がカリッとしたら、はちみつをからめ、黒炒りごまを散らす。

15 min
99 kcal

さつまいものママレード煮

★材料（1人分）
さつまいも60g、A[ママレードジャム小さじ2、塩少々、水80ml]

★作り方
① さつまいもは皮つきのまま1.5cmの角切りにする。
② 小鍋に①とAを入れてふたをして火にかけ、沸騰したら弱火で10分ほど煮る。

15 min
84 kcal

さつまいもとりんごの蒸し煮

★材料（1人分）
さつまいも40g、りんご⅛個、A[砂糖小さじ1、レモン汁小さじ½、水80ml]

★作り方
① さつまいもとりんごは皮つきのまま5mm厚さのいちょう切りにする。
② 小鍋に①とAを入れてふたをして火にかけ、沸騰したら弱火で10分ほど煮る。

5 min
114 kcal

さつまいもマッシュサラダ

★材料（1人分）
さつまいも60g、冷凍ミックスベジタブル大さじ1、A[マヨネーズ小さじ1、牛乳小さじ2]

★作り方
① さつまいもは皮をむき、水からやわらかくなるまでゆでる。
② ①が熱いうちにつぶし、A、ゆでたミックスベジタブルを加えて混ぜる。

きゅうり
のおかず

ポリポリとした歯ごたえが子供に人気！ 生のままサラダやマリネに加えるのはもちろん、加熱するとまた違った食感が楽しめます。

5 min
55 kcal

きゅうりとえびの炒めもの

★材料（1人分）
きゅうり¼本、むきえび2尾、しょうゆ少々、ごま油小さじ1

★作り方
① きゅうりは皮をむいて小さめの乱切りに、むきえびは1cm幅に切る。
② フライパンにごま油を熱してえびを炒め、きゅうりとしょうゆを加えて炒め合わせる。

3 min
43 kcal

たたききゅうりの梅マヨあえ

★材料（1人分）
きゅうり⅓本、梅干し少々、マヨネーズ小さじ1

★作り方
① きゅうりは麺棒で軽くたたき、1cm幅に切る。
② 梅干しは種を除いて包丁でたたき、①、マヨネーズとあえる。

1 min
79 kcal

きゅうりとチーズのサラダ

★材料（1人分）
きゅうり¼本、プロセスチーズ10g、イタリアンドレッシング（市販品）適量

★作り方
きゅうり、プロセスチーズを1cm角に切り、イタリアンドレッシングであえる。

3 min
82 kcal

きゅうりとプチトマトのマリネ

★材料（1人分）
プチトマト3個、きゅうり¼本、A［オリーブ油大さじ½、レモン汁小さじ1、塩、こしょう各少々］

★作り方
① プチトマトはヘタをとって半分に切り、きゅうりは輪切りにする。
② 合わせたAに①を加えて味をなじませる。

3 min
172 kcal

きゅうりと卵のマヨサラダ

★材料（1人分）
きゅうり¼本、ゆで卵1個、A［マヨネーズ大さじ1、塩、こしょう各少々］

★作り方
① きゅうりは薄い輪切りに、ゆで卵はフォークで粗めにつぶす。
② ①にAを加えて全体を混ぜ合わせる。

大スキ♡食材 ⑨
にんじん
のおかず

メインのおかずにも副菜にも活躍する万能野菜。あざやかなオレンジ色は、お弁当にちょこっと添えるだけで、彩りよく仕上がります。

5 min / 45 kcal

ピーラーにんじんの ケチャップ炒め

★材料（1人分）
にんじん40g、トマトケチャップ小さじ2、粉チーズ少々、オリーブ油小さじ½

★作り方
① にんじんは皮をむき、スライサーで薄切りにする。
② フライパンにオリーブ油を熱して①を弱めの中火で炒め、トマトケチャップを加えて炒め合わせ、粉チーズをふる。

5 min / 40 kcal

にんじんの レンジグラッセ

★材料（1人分）
にんじん（5mm厚さ輪切り）10枚、A［水大さじ3、砂糖小さじ½、バター2g］

★作り方
① にんじんは型で抜く。
② 耐熱容器に①とAを入れ、ラップをかけて電子レンジ（600W）で1分30秒加熱する。

20 min / 50 kcal

にんじんの オレンジマリネ

★材料（1人分）
にんじん30g、オレンジ2房、A［酢、サラダ油各小さじ½、砂糖小さじ⅓、塩、こしょう各少々］

★作り方
① にんじんは皮をむいて薄いいちょう切りにし、熱湯でさっとゆでる。オレンジは果肉を食べやすくほぐす。
② 合わせたAに①を漬けて15分ほどおく。

3 min / 54 kcal

にんじんのごまあえ

★材料（1人分）
にんじん50g、A［黒炒りごま、しょうゆ各小さじ1、酢、みりん各少々］

★作り方
① にんじんは皮をむいて短冊に切り、熱湯でさっとゆでる。
② 混ぜ合わせたAで①をあえる。

3 min / 38 kcal

にんじんとしらすの レモンあえ

★材料（1人分）
にんじん50g、しらす干し大さじ1、A［レモン汁、しょうゆ各小さじ1、砂糖、塩各少々］

★作り方
① にんじんは皮をむいて短冊切りにし、熱湯でさっとゆでる。しらす干しは熱湯をかけて水けをきる。
② 合わせたAに①を加えてあえる。

大スキ♡食材⑩
かぼちゃ
のおかず

甘みがあって、さつまいもと並んで子供に人気の高い野菜。皮がかたくて切りにくいときは、電子レンジで軽く温めてから切るとラクチンです。

5 min / 150 kcal

かぼちゃのグラッセ

★材料（1人分）
かぼちゃ60g、レーズン5粒、水大さじ1、バター3g、はちみつ大さじ½

★作り方
① かぼちゃは一口大に切り、レーズン、分量の水といっしょに耐熱容器に入れ、ラップをかけて電子レンジ（600W）で3分ほど加熱する。
② ①が熱いうちにバターとはちみつを加え、全体をよく混ぜる。

10 min / 118 kcal

かぼちゃと豆の煮もの

★材料（1人分）
かぼちゃ60g、A［しょうゆ、みりん各小さじ1、塩少々］、うずら豆の甘煮（市販品）20g

★作り方
① 小鍋にかぼちゃとひたひたの水（分量外）を入れて煮る。
② かぼちゃがやわらかくなったらA、うずら豆の甘煮を加え、汁けがなくなるまで煮含める。

5 min / 107 kcal

かぼちゃとオクラのサラダ

★材料（1人分）
かぼちゃ（皮なし、正味）40g、オクラ½本、A［マヨネーズ小さじ2、塩、こしょう各少々］

★作り方
① かぼちゃは耐熱容器に入れ、ラップをかけて電子レンジ（600W）で2分加熱してつぶす。
② オクラはゆでて小口切りにし、Aといっしょに①に加えてあえる。

5 min / 149 kcal

かぼちゃのミルクグラタン

★材料（1人分）
かぼちゃ60g、A［牛乳大さじ1½、塩少々］、ピザ用チーズ10g、アーモンドスライス少々

★作り方
① かぼちゃは耐熱容器に入れ、ラップをかけて電子レンジ（600W）で2分30秒加熱して軽くつぶし、Aを加えて混ぜ合わせる。
② 耐熱カップに①を入れて、ピザ用チーズ、アーモンドスライスを散らし、オーブントースターで焼き色がつくまで焼く。

5 min / 160 kcal

かぼちゃとナッツのヨーグルトあえ

★材料（1人分）
かぼちゃ60g、カシューナッツ15g、A［プレーンヨーグルト大さじ2、塩、こしょう各少々］

★作り方
① かぼちゃはラップをして電子レンジ（600W）で3分加熱し、1.5cm角に切る。
② カシューナッツはフライパンでから炒りして粗めに砕き、①、Aとあえる。

大スキ♡食材 ⑪ ブロッコリー のおかず

栄養価が高い緑黄色野菜の代表。房の部分がパサパサして苦手な子には、調味料をからめてあえものなどにすると食べやすくなります。

3 min
27 kcal

ブロッコリーのかつお節あえ

★材料（1人分）
ブロッコリー60g、かつお節大さじ1、しょうゆ小さじ¼

★作り方
ブロッコリーは小房に分けて熱湯でゆで、かつお節、しょうゆであえる。

3 min
60 kcal

ブロッコリーのごまあえ

★材料（1人分）
ブロッコリー60g、A［白すりごま大さじ½、酢、しょうゆ各小さじ¼］

★作り方
ブロッコリーは小房に分けて熱湯でゆで、混ぜ合わせたAであえる。

5 min
22 kcal

ブロッコリーのとろろ昆布あえ

★材料（1人分）
ブロッコリー60g、しょうゆ小さじ⅓、とろろ昆布少々

★作り方
① ブロッコリーは小房に分けて熱湯でゆで、粗熱をとる。
② しょうゆであえ、仕上げにほぐしたとろろ昆布をあえる。

3 min
51 kcal

ブロッコリーとほたてのソテー

★材料（1人分）
ブロッコリー60g、ほたて水煮（缶詰）大さじ½、塩、こしょう各少々、バター3g

★作り方
① ブロッコリーは小房に分けて、熱湯でゆでる。
② フライパンにバターを溶かし、①、ほたてを加えて炒め、塩、こしょうで味を調える。

15 min
139 kcal

ブロッコリーのたらこマヨあえ

★材料（1人分）
ブロッコリー60g、玉ねぎ⅛個、たらこ½腹、マヨネーズ大さじ1、塩、こしょう各少々

★作り方
① ブロッコリーは小房に分けて熱湯でゆで、粗熱をとる。
② 玉ねぎはみじん切りにし、水に10分ほどさらして水けをきる。
③ たらこは薄皮を取ってほぐし、マヨネーズ、①、②を加えて混ぜ合わせ、塩、こしょうで味を調える。

大スキ♡食材⑫
ほうれん草
のおかず

和洋中どんな料理にも使える
おすすめの野菜です。葉物野
菜は日もちがしないので、ゆで
て冷凍しておくと、お弁当にも
少量ずつ使えて便利！

3 min
16 kcal

ほうれん草のなめたけ
あえ

★材料（1人分）
ほうれん草60g、なめたけ（びん詰
め）大さじ1

★作り方
① ほうれん草はざく切りにし、ラッ
プをして電子レンジ（600W）で30
秒加熱して水けを絞る。
② ①となめたけをあえる。

3 min
91 kcal

ほうれん草の
くるみあえ

★材料（1人分）
ほうれん草60g、くるみ10g、A[しょ
うゆ、みりん各小さじ1]

★作り方
① ほうれん草は熱湯でさっとゆでて
水けを絞り、根元を切り落としてざく
切りにする。
② くるみは粗く砕き、混ぜ合わせた
A、①とあえる。

3 min
79 kcal

ほうれん草と
ウインナーのソテー

★材料（1人分）
ほうれん草60g、ウインナーソーセー
ジ1本、塩、こしょう各少々、サラダ
油小さじ½

★作り方
① ほうれん草はざく切りにし、ウイ
ンナーは輪切りにする。
② フライパンにサラダ油を熱して①
を炒め、ほうれん草がしんなりしたら
塩、こしょうで味を調える。

10 min
148 kcal

ほうれん草の
チャンプルー風

★材料（1人分）
ほうれん草40g、ちくわ½本、溶き卵
1個分、しらす干し大さじ½、A[しょ
うゆ、塩、こしょう各少々]、サラダ油
小さじ½

★作り方
① ほうれん草は熱湯でさっとゆでて
水けを絞り、ざく切りにする。
② ちくわは斜め薄切りにする。
③ 半量のサラダ油を熱したフライパ
ンで①を炒めて取り出す。
④ 同じフライパンに残りのサラダ油
を足して②を炒め、溶き卵を流し入
れて炒り卵を作る。しらす干し、③を
加え、Aで味を調える。

10 min
143 kcal

ほうれん草とチーズの
白あえ

★材料（1人分）
ほうれん草40g、にんじん20g、鶏さ
さみ1本、A[塩、酒各少々]、B[カッ
テージチーズ大さじ2、白すりごま大
さじ½、しょうゆ小さじ1、砂糖、酢
各小さじ¼]

★作り方
① ほうれん草は熱湯でさっとゆで、
水けを絞ってざく切り、にんじんはせ
ん切りにし、熱湯でさっとゆでる。
② すじを取った鶏ささみにAをふり、
ラップをして電子レンジ（600W）で
1分30秒加熱してさく。
③ 混ぜ合わせたBに①、②を加え
てよくあえる。

チーズ
のおかず

プロセスチーズ、スライスチーズ、クリームチーズなど料理に合わせて使いましょう。苦手な食材に組み合わせるだけで子供が好きな味になります。

⏱5min / 186kcal

チーズスクランブル

★材料（1人分）
プロセスチーズ20ｇ、ほうれん草10ｇ、**A**［卵1個、牛乳小さじ1、塩、こしょう各少々］、サラダ油小さじ1

★作り方
① プロセスチーズは1cm角に切る。ほうれん草は熱湯でさっとゆでて2cm長さに切る。
② ボウルに**A**、①を混ぜ合わせる。
③ フライパンにサラダ油を熱し、②を流し入れ、かき混ぜてスクランブル状にする。

⏱3min / 105kcal

黒豆チーズボール

★材料（1人分）
黒豆の甘煮（市販品）10ｇ、クリームチーズ30ｇ

★作り方
① クリームチーズは3等分し、ラップで包んで少しもんでやわらかくして丸める。
② クリームチーズの上に黒豆の甘煮をのせ、ラップで丸く包む。

⏱5min / 39kcal

パプリカの
チーズサンドピック

★材料（1人分）
パプリカ（赤、4×4cm）3枚、スライスチーズ（4×4cm）2枚

★作り方
① パプリカは熱湯でさっとゆで、包丁で内側の厚みを均一にする。
② パプリカ、チーズ、パプリカ、チーズ、パプリカの順に重ね、ピック4本を刺して、4等分に切る。

⏱5min / 70kcal

ミックスベジタブルの
チーズ焼き

★材料（1人分）
冷凍ミックスベジタブル40ｇ、トマトケチャップ大さじ1、ピザ用チーズ10ｇ

★作り方
① ミックスベジタブルは熱湯でさっとゆで、水けをきってトマトケチャップであえる。
② 耐熱カップに①を入れ、ピザ用チーズをのせてオーブントースターで焼き色がつくまで焼く。

⏱5min / 144kcal

れんこんの
クリームチーズあえ

★材料（1人分）
れんこん40ｇ、塩、こしょう各少々、クリームチーズ25ｇ、レーズン大さじ1、パセリ（みじん切り）小さじ⅓

★作り方
① れんこんは皮をむいて薄いいちょう切りにし、フライパンでさっと焼いて、塩、こしょうをふる。
② クリームチーズは電子レンジ（600W）で10秒加熱してやわらかくし、レーズンは水で戻す。
③ ①、②、パセリをよくあえる。

大スキ♡食材⑭ ちくわ のおかず

おつまみのイメージがあるちくわも肉や魚の代わりに使えば立派なおかずに。穴のあいたかわいらしい見た目も子供が喜ぶポイント！

3 min
51 kcal

野菜詰めちくわ

★材料（1人分）
ちくわ1本、きゅうり（8mm角×ちくわ半分の長さ）1本、にんじん（8mm角×ちくわ半分の長さ）1本

★作り方
① きゅうり、にんじんを分量通り用意し、にんじんはラップをして電子レンジ（600W）で30秒加熱する。
② ちくわを半分の長さに切り、①をそれぞれ詰めて、さらに半分に切る。

1 min
70 kcal

ちくわのいそべあえ

★材料（1人分）
ちくわ1本、A［マヨネーズ小さじ⅔、しょうゆ少々、青のり小さじ⅓］

★作り方
① ちくわは小さめの乱切りにする。
② Aをよく混ぜ、①を加えてあえる。

3 min
88 kcal

ちくわとなすのごまみそ炒め

★材料（1人分）
ちくわ1本、なす⅙本、A［みそ、みりん各小さじ1、白すりごま少々］、ごま油小さじ½

★作り方
① ちくわは輪切りにする。なすは半月切りにして水にさらし、水けをきる。
② フライパンにごま油を熱し、①をしんなりするまで炒め、混ぜ合わせたAを加えて炒め合わせる。

3 min
67 kcal

ちくわといんげんの炒り煮

★材料（1人分）
ちくわ1本、さやいんげん1本、A［酒、みりん各小さじ2、しょうゆ小さじ½］、ごま油小さじ½

★作り方
① ちくわは縦4等分に切り、3等分の長さに切る。さやいんげんは4等分に切る。
② フライパンにごま油を熱し、①を入れて炒め、油が全体に回ったらAを加えて汁けがなくなるまで炒める。

3 min
73 kcal

ちくわとキャベツのオイスター炒め

★材料（1人分）
ちくわ1本、キャベツ⅓枚、オイスターソース小さじ⅔、ごま油小さじ½

★作り方
① ちくわは輪切りにする。キャベツは2cm角に切る。
② フライパンにごま油を熱し、ちくわ、キャベツを順に炒め、オイスターソースで味を調える。

111

大人といっしょに園児弁当

大人用のおかずを上手にアレンジすれば、子供用のお弁当にも使えます。

大人の 焼き鮭弁当　　　**子供**の 3色丼弁当

	大人	子供	ポイント
主菜 焼き鮭	そのまま詰める。	ほぐしてご飯にのせる。	塩鮭ではなく、甘塩鮭や生鮭を使って。
副菜 卵焼き	そのまま詰める。	刻んでご飯にのせる。	ふつうの卵焼きは丼の彩りとしても◎。
副菜 ほうれん草のごまあえ	そのまま詰める。	刻んでご飯にのせる。	葉ものは子供には食べにくいので、切ってから詰めて。
副菜 ベーコンとれんこんのきんぴら	お弁当に詰めてから、七味唐辛子をかける。	刻んでお弁当に入れる。	辛みや香りづけなどの大人向けの味は、最後にちょい足し。
主食 ご飯	梅干しや漬けものなどの箸休めを添える。	見た目にも楽しくおいしそうに仕上がる丼に。	ご飯の上に刻んだおかずをのせてあげると、子供にも食べやすい。

PART

5

\ みんなでワイワイ食べたい！ /

にぎやかイベント弁当

運動会やピクニックなど、
お外でみんなで食べたいお弁当のレシピ。
みんなでいっしょのご飯は、いつもとちょっと
違うお弁当でたのしさアップ♪

★PART5のポイント：全部1時間ほどで作れる！

くまさんの
きんぴらいなりは
市販品のきんぴらを
使って時短！

この章のレシピは、大人2人と子供1人が
食べられる分量になっています。とはいえ
作る時間がかからないように市販品を使っ
たりして、全部1時間ほどでできるレシピに
なっています。前日から準備でヘトヘト…な
んてことはなく、ママもラクチンです。

主菜 卵とハムの春巻き

副菜 野菜とツナのキャベツロール

そえもの マスカット＆いちご

副菜 温野菜のタルタルソース添え

主食 とんカツロール

とんカツロール弁当

75 min　840 kcal
※大人1人分

いつものとんカツをご飯で巻いて、豪華なのり巻きに。おかずもロール状にすれば食べやすさ◎。スタミナ満点メニューで、応援の声にも力が入りそう！

とんカツロール

マヨネーズを
入れてもおいしい！

主食 310kcal

⏱10min

★材料（太巻き2本分）
とんカツ（市販品）…1枚
ご飯…400g
キャベツ…2枚
焼きのり…2枚
中濃ソース…大さじ2

★作り方
① とんカツは2cm幅に切る。キャベツはせん切りにする。
② 巻きすの上に焼きのりを置き、奥側1cmを残して半量の温かいご飯を均等に広げる。
③ 中央手前にキャベツのせん切りを半量敷き、中濃ソース大さじ1をキャベツ全体にかけ、真ん中に半量のとんカツを並べる。
④ 具材を押さえながら巻きすごと端からしっかりと巻き、形を整える。同様にもう1本作り、落ち着いたら食べやすく切り分ける。

卵とハムの春巻き

一度にたくさん作れる
揚げものは意外とラク

主菜 226kcal

⏱25min

★材料（3～4人分）
春巻きの皮…4枚
ロースハム…4枚
卵…2個
A ┌ パセリ（みじん切り）
　 │ 　…小さじ1
　 │ マヨネーズ…大さじ2
　 │ 砂糖…小さじ½
　 └ 塩、こしょう…各少々
揚げ油…適量

★作り方
① 卵は沸騰してから12分ゆでて固ゆでにし、殻をむく。
② ①とAをボウルに入れ、フォークなどで粗くつぶしながら混ぜ合わせる。
③ 春巻きの皮の手前にロースハム、②を等分にのせ、巻き終わりを水溶き小麦粉（分量外）で留め、4個作る。
④ 170℃の油で③をカラッと揚げ、斜め半分に切る。

温野菜の
タルタルソース添え

ハムを使ったソースで
野菜がどんどん食べられる！

副菜 111kcal

⏱10min

★材料（3～4人分）
カリフラワー…½株
ズッキーニ…½本
にんじん…½本
A ┌ ロースハム…4枚
　 │ マヨネーズ…大さじ3
　 │ パセリ（みじん切り）
　 └ 　…小さじ½

★作り方
① カリフラワーは小房に分け、ズッキーニは1cm幅に切る。にんじんは皮をむいて小さめの乱切りにする。
② 熱湯で①を3分ほどゆでてザルにあげ、粗熱をとる。
③ Aのロースハムはみじん切りにして残りのAと混ぜ、ソースとして添える。

野菜とツナの
キャベツロール

サラダも一口サイズで
食べやすく！

副菜 123kcal

⏱10min

★材料（3～4人分）
キャベツ…2枚
ツナ（缶詰）…大さじ2
パプリカ（赤・黄）…各⅙個
クリームチーズ…80g
マヨネーズ…小さじ2

★作り方
① キャベツは熱湯でさっとゆでて冷水にとり、芯の部分をそいで、半分の大きさに切る。
② ツナは缶汁をよくきり、マヨネーズとあえる。パプリカは細切りにする。クリームチーズは4等分にしてラップに包み、10cm長さのものを4本作る。
③ 水けをふいた①に、②を等分にのせ、きつく巻き、4本作る。

マスカット＆いちご

食後にさっぱり！
みんな大好き♪

そえもの 70kcal

⏱5min

マスカット1房は房から取って洗う。いちご適量は洗ってヘタを取る。

主菜 2色の皮なしシュウマイ

副菜 梅しそちくわくるくる

主食 くまさんのきんぴらいなり

子供うけバツグン！

くまさんいなり弁当

くまの顔に見立てたデコいなり寿司や、彩りきれいなおかずを詰め合わせ♪
遠足やピクニックに持っていけば、みんなの注目の的になること間違いなし！

55 min

554 kcal

※大人1人分

中の混ぜご飯は
市販のお惣菜で簡単に！

主食 350kcal 30min

くまさんの
きんぴらいなり

★材料（8個分）
ご飯…450g
きんぴらごぼう（市販品）…100g
油揚げ…4枚
A ┌ だし汁…150mℓ
  │ 砂糖…大さじ3
  │ しょうゆ…大さじ2
  └ みりん…大さじ1
スライスチーズ…1枚
グリーンピース（水煮）…8粒
ウインナーソーセージ…1本
焼きのり…適量

★作り方
① 油揚げは熱湯を回しかけて油抜きをし、粗熱がとれたら水けを絞る。横半分に切り、切り口から開いて袋状にする。
② 鍋にAを合わせて煮立て、①を入れて落としぶたをし、煮汁がなくなるまで中火で12分ほど煮る。火からおろして完全に冷ます。
③ 温かいご飯に刻んだきんぴらごぼうを混ぜ、8等分にして俵型にする。
④ 煮汁を軽く絞った②に③を詰める。
⑤ スライスチーズは2cm大の丸型で抜いて④の中央にのせ、グリーンピースをその上にのせて鼻にする。ウインナーは焼いてから薄い輪切りにしてのせて耳にする。焼きのりはパンチで抜いて目にする。

 Point!

ご飯は俵型にしてから詰めると簡単！

電子レンジを使って
蒸せばらくらく！

主菜 123kcal 15min

2色の皮なしシュウマイ

★材料（3〜4人分）
豚ひき肉…100g
玉ねぎ…30g
鶏がらスープの素（顆粒）
　…小さじ⅔
湯…大さじ⅔
塩…少々
枝豆（むき）…60g
ホールコーン（缶詰）…60g

★作り方
① ボウルに豚ひき肉、玉ねぎのみじん切り、分量の湯で溶いた鶏がらスープ、塩を入れてよく練り混ぜる。
② ①を8等分にして半量には粗く刻んだ枝豆、残りはホールコーンを全体にまぶす。
③ オーブンシートを敷いた耐熱皿に②を並べ、ラップをふんわりとかけて電子レンジ（600W）で3分30秒加熱する。

チーズを使えば
子供も大好きな味に

副菜 81kcal 10min

梅しそちくわくるくる

★材料（3〜4人分）
ちくわ…4本
梅干し…1個
スライスチーズ…2枚
青じそ…4枚

★作り方
① ちくわは縦に切り込みを入れて開く。梅干しは種を除いてたたく。スライスチーズは半分に切る。
② ①のちくわの内側に梅干しを等分に塗り、青じそ、スライスチーズを1枚ずつのせ、縦方向に巻く。巻き終わりを2本ずつピックで留め、半分に切る。

主菜 鶏のから揚げ

副菜 かにかまりんごの卵焼き

副菜 ハム巻きポテサラ

主食 のり巻き風おむすび

そえもの プチトマト&ブロッコリー

定番メニュー満載♪

のり巻きおにぎり弁当

L 80 min

584 kcal

※大人1人分

おにぎりをはじめ、卵焼きなど子供が大好きな定番メニューが盛りだくさん！
いつものおかずも＋αのアイデアで食べやすさや見栄えがアップします。

3種の具材で
見た目も華やかに

主食 249kcal ⏱15min

のり巻き風おむすび

★ 材料（3〜4人分）
ご飯…500g
焼きのり…2枚
小梅…4個
たくあん…20g
ツナ（缶詰）…大さじ2
マヨネーズ…大さじ½

★ 作り方
① 巻きすの上に焼きのりを置き、奥側1cmを残して半量の温かいご飯を均等に広げる。
② ①を手前からきつめに巻き、巻きすで断面が三角形になるように形を整え、同様にもう1本作る。1本を6等分に切って、全部で12個作る。

Point!

包丁を濡れぶきんで拭くと切りやすくなり、断面がキレイに！

③ ツナは缶汁をよくきり、マヨネーズと混ぜ合わせる。
④ ②を4個ずつに分け、中央に小梅、刻んだたくあん、③をそれぞれのせる。

お肉にしっかり下味で
ジューシー！

主菜 179kcal ⏱40min

鶏のから揚げ

★ 材料（3〜4人分）
鶏もも肉…1枚
A ┌ おろししょうが…小さじ½
　├ 酒、みりん、しょうゆ
　└ 　…各大さじ½
片栗粉…大さじ2
揚げ油…適量

★ 作り方
① 鶏もも肉は余分な脂を切り落とし、一口大に切る。
② ボウルに①とAを入れてよくもみ、冷蔵庫で30分ほどおく。
③ ②の汁けをきって片栗粉をまぶし、170℃の油でカラッと揚げる。

くるっと巻くだけで
食べやすい！

副菜 54kcal ⏱5min

ハム巻きポテサラ

★ 材料（4個分）
ロースハム…4枚
ポテトサラダ（市販品）…80g

★ 作り方
① ハムは中心から外に1か所切り目を入れて、くるりと巻いて円錐状のカップにする。
② ポテトサラダを4等分にして①に詰める。

かわいいあしらいに
子供も大喜び♪

副菜 87kcal ⏱15min

かにかまりんごの卵焼き

★ 材料（3〜4人分）
卵…2個
A ┌ みりん…小さじ1
　└ 塩…少々
かに風味かまぼこ…8本
サラダ油…適量
さやえんどう…1枚
黒炒りごま…少々

★ 作り方
① 卵を溶きほぐし、Aを加えて混ぜ合わせ半量に分けておく。
② かに風味かまぼこは赤い部分が外側にくるように、2本ずつくっつけておく。
③ 卵焼き器にサラダ油を熱し、①の半量の⅓量を流し入れる。半熟状になったら、奥に②の半量を並べて手前に転がして巻き、残りの卵液を流し入れて同じ要領で巻く。同様にあと1本作り、食べやすく切る。
④ さやえんどうはさっとゆでて斜め切りにして③の断面に差し、中央に黒炒りごまをのせる。

色の濃い野菜で
彩りをプラス！

そえもの 15kcal ⏱5min

プチトマト＆
ブロッコリー

プチトマト8個はヘタを取って洗う。ブロッコリー½株は小房に分けて熱湯でゆでる。

のり巻きおにぎり弁当

主食 ミニドッグ

そえもの りんごの飾り切り

副菜 アスパラベーコン巻き

副菜 フライドポテト

主菜 手羽中の塩こうじ焼き

ピクニックに♪

ミニドッグ弁当

60 min · 481 kcal

※大人1人分

持ちやすく、片手でほおばれるホットドッグはアウトドアにぴったり。
手づかみで食べられるおかずやピックを活用すれば、お箸いらずで食べられます。

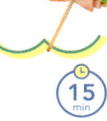

パンは軽くトースト するとおいしい！

主食 **169**kcal ⏱10min

ミニドッグ

★材料（3〜4人分）
ロールパン…4個
キャベツ…2枚
バター…10g
カレー粉…小さじ⅓
ウインナーソーセージ…4本
トマトケチャップ…適量

★作り方
① ウインナーソーセージは斜めに切り込みを入れ、バターを溶かしたフライパンで焼く。
② 同じフライパンにざく切りにしたキャベツを入れ、カレー粉を加えて炒める。
③ ロールパンに切り込みを入れ、①、②を等分にはさみ、オーブントースターで軽く焼き、トマトケチャップをかける。

冷めても しっとりやわらか！

主菜 **109**kcal ⏱70min

手羽中の塩こうじ焼き

★材料（3〜4人分）
鶏手羽中…300g
塩こうじ…大さじ1⅓
酒…小さじ1
白炒りごま…大さじ1

★作り方
① 鶏手羽中、塩こうじ、酒をポリ袋に入れて袋の上からよくもみ、口を閉じて冷蔵庫で1時間ほどおく。
② ①をオーブントースターで8〜10分ほど火が通るまで焼き、白炒りごまをふる。

子供に大人気の すきまうめおかず！

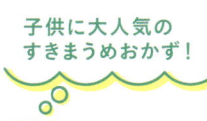  

副菜 **85**kcal ⏱10min

フライドポテト

★材料（3〜4人分）
じゃがいも…2個
塩…小さじ¼
オリーブ油…大さじ1

★作り方
① じゃがいもはよく洗って皮つきのまま6等分のくし形切りにし、ラップをして電子レンジ（600W）で3分加熱する。
② フライパンにオリーブ油を熱し、①を焼き色がつくまで転がしながら焼き、塩をふる。

アスパラはゆでて 冷凍しておくと便利！

副菜 **99**kcal ⏱15min

アスパラベーコン巻き

★材料（3〜4人分）
グリーンアスパラガス…4本
ベーコン…4枚
オリーブ油…大さじ½

★作り方
① グリーンアスパラガスは根元のかたい部分を切り落として熱湯でさっとゆで、1本を4等分に切る。
② ベーコンは半分の長さに切る。
③ ②に①を2本ずつのせて巻き、巻き終わりをつま楊枝で留める。
④ フライパンにオリーブ油を熱して③を並べ、転がしながら焼き色がつくまで焼く。

ボーダー柄に 簡単アレンジ♪

そえもの **19**kcal ⏱10min

りんごの飾り切り

りんご½個は6等分のくし形切りにし、皮に斜めに、1cm幅の切り込みを入れる。切り込みの1つおきに皮を取り除き、縞模様にする。

みんなで食べたい簡単デザート

ピクニックや運動会に持っていって、みんなでわいわい食べたいデザートを紹介します。

オーブントースターでできる手軽さだけど、味は本格派！

ミニチーズケーキ

121kcal　**15**min

★材料（10個分）
クリームチーズ…200g
砂糖…40g
生クリーム…50㎖
卵…1個
小麦粉…大さじ1
ブルーベリー…50g

★作り方
① クリームチーズは室温に戻してやわらかくしておく。
② ボウルに①、砂糖を入れて泡立て器でよく混ぜる。
③ 生クリーム、卵、小麦粉を加えて、なめらかになるまでよく混ぜ、耐熱カップに等分に流し入れてブルーベリーをのせる。
④ オーブントースターで7〜10分焼き色がつくまで焼く。

**紙の箱に入れて
帰りは身軽に**
紙の箱に入れるだけで一気におしゃれに見える上に、たためる紙箱なら帰りもかさばりません。

素材の味を生かした和スイーツ！

さつまいもきんつば

54kcal　**15**min

★材料（10個分）
さつまいも…300g
A ┌ 天ぷら粉…25g
　　├ 砂糖…小さじ2
　　└ 水…50㎖
サラダ油…適量
黒炒りごま…少々

★作り方
① さつまいもはよく洗い、1.5cm厚さの輪切りにし、四角になるように端を切り落とす。
② 耐熱容器に①を入れ、ラップをして電子レンジ（600W）で4分加熱する。
③ フライパンを弱火にかけてサラダ油を薄くひき、②の一面に混ぜ合わせた**A**を薄くつけて焼き、衣が固まったら他の面も同様にして6面焼く。表面に黒炒りごまをのせる。

**和柄マスキング
テープで変身**
地味に見えてしまう和菓子は、ラップで包んで和柄のマスキングテープで留めればかわいさアップ。

ヨーグルトフルーツサンド

77kcal  15 min

★材料（作りやすい分量）
サンドイッチ用食パン
　…4枚
プレーンヨーグルト
　…50g
A［ 生クリーム…50㎖
　　砂糖…小さじ2
みかん（缶詰）…40g
黄桃（缶詰）…1個

★作り方
① プレーンヨーグルトは1時間ほど水きりをする。黄桃は1cm角に切る。
② ボウルに①のヨーグルト、Aを入れて泡立て器で8分立てぐらいまでよく混ぜる。
③ サンドイッチ用食パン2枚に②を等分に広げ、みかん、黄桃も等分にのせ、それぞれパンをのせて手で軽く押さえてラップで包む。
④ ③を冷蔵庫で20分ほど休ませ、食べやすい大きさに切る。

> **ラップに包めば紙袋でもOK**
> クリームがかためなので、1個ずつラップで包めば紙袋で持って行けます。保冷剤も入れると安心。

あんバナナ春巻き

87kcal 20 min

★材料（8本分）
春巻きの皮…4枚
バナナ…1本
練りあん（市販品）…80g
A［ 小麦粉…小さじ1
　　水…大さじ1
揚げ油…適量

★作り方
① 春巻きの皮は半分に切る。バナナは長さを半分に切り、縦4等分に切る。
② 春巻きの皮を横長に置き、手前にバナナ、練りあんを等分にのせ、空気を抜きながら転がして途中で両端を折りたたみ、巻き終わりを混ぜ合わせたAでしっかり留める。
③ フライパンに揚げ油を2cm深さに入れて中火で熱し、②を入れてこんがりと揚げ焼きにする。

> **カラフルな紙ナプキンを添えて**
> そのまま手で食べられるお菓子には、カラフルな紙ナプキンを。手に取ったときにより楽しい気分に。

色別　すきまうめ食材

ちょっと空いてしまったすきまにぴったりの食材をご紹介。しっかり水けをきって入れて。

★ プチトマト
ヘタを取って詰めるだけでお弁当を
彩ります。常備しておいて。

★ にんじん
ゆでにんじんは型で抜
くだけでかわいい印象
に。甘煮でもOK。

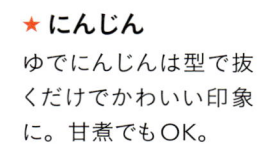

★ ハム
4等分に切ると食べや
すく、くるっと花束のよ
うにして入れて。

赤
RED

赤を加えるだけで、
お弁当がぱっと明るく、
華やかになります。

★ さくらんぼ
ちょっとしたデザートに
ぴったり。カップなどで
別にして入れて。

★ かに風味かまぼこ
斜め切りがかみ切りや
すい。スマートな形です
きまにぴったり。

★ 赤パプリカ
小さめの乱切りにして
ゆでると、子供でも食
べやすくなります。

★ **さやいんげん**
1本をやわらかめにゆで
て、4cm長さに切りま
す。すじは取って。

★ **ブロッコリー**
いつもより小さめの房
（10gほど）が子供に食
べやすいサイズ。

★ **そら豆**
冷凍の皮つきのゆでた
ものが便利。かわいい
形で見た目もグッド。

緑
GREEN

野菜の緑は、栄養面でも、
彩りの面でも
欠かせない色合いです。

★ **枝豆**
冷凍を使えば簡単。
さやから出してピッ
クに刺せば食べや
すいです。

★ **きゅうり**
小さめの乱切りにし
て。4cm長さのステ
ィック状でも◎。

★ **グリーンアスパラガス**
ゆでて3cm長さに切り
ます。1本分あればすき
まにはOK。

★ **すきまにも！　緑のおかずメモ**

★ とうもろこし
ゆでてから半月切りが
お弁当によいサイズ。
市販品もあります。

★ 栗の甘露煮
サイズがいろいろなの
で、大きければ半分に
切って入れて。

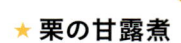

黄
YELLOW

黄色い食材は
甘い味のものが多く、子供に
喜ばれること間違いなし。

★ たくあん
薄切りにして入れると、
鮮やかな黄色がお弁当
をパッと明るく。

★ 黄パプリカ
小さめの乱切りにして
ゆでます。皮がかたい
場合はむいて。

★ かぼちゃ
2cm角に切ってやわら
かくゆでて。皮つきで栄
養も丸ごと摂って。

★ さつまいも
1cm角のスティック状
にして。市販の甘煮を
カットしてもOK。

★ すきまにも！　黄のおかずメモ

かぼちゃサラダ➡ P18
レンジ卵焼き➡ P22
レンジさつま➡ P22
スタッフドエッグ➡ P36
水菜とかつお節の卵焼き➡ P48
さつまいものレモン煮➡ P52

★ うずら豆
市販の甘煮を詰めるだけ。皮が薄くて食べやすい豆です。

★ さつま揚げ
5cm大のものなら半分に切って。具が入っているものでも◎。

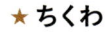

★ ちくわ
2cm長さに切って入れて。穴にチーズやきゅうりを詰めても。

茶
BROWN

市販食材で手軽に
おいしさもアップ。

★ ミートボール
冷凍で常備しておくと◎。メインおかずにもなって便利です。

白
WHITE

白色は意外と目立つ
すきま食材。

☆ かまぼこ
小さめのものを薄切りにして。バランの代わりにしてもよいです。

☆ カリフラワー
小さめの房（10gほど）をゆでます。すぐにやわらかくなるので注意。

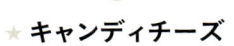

☆ キャンディチーズ
かわいい見た目がうれしい！
小さいので2、3粒入れてもOK。

☆ うずらの水煮
入れるだけの手軽な便利食材。塩やマヨネーズで薄く味つけを。

●著者 食のスタジオ

編集制作・レシピ提案・撮影・スタイリング・コンテンツ販売まで、食の業務を一貫して行う専門会社。管理栄養士など、食の知識と技術を身につけたスタッフで構成されている。

●スタッフ

レシピ制作・料理	茂木亜希子、曽根小有里、原山早織（食のスタジオ）
スタイリング	栗田美香
撮影	山下千絵　盛谷嘉主輔（ミノワスタジオ）
デザイン	岡田恵子（ok design）
DTP	（有）エヴリ・シンク
栄養計算	内藤麻里子
編集協力	高裕善（食のスタジオ）　森下紗綾香
校正	草樹社

はじめての　園児のおべんとう

2015年2月3日　第1刷発行
2015年3月17日　第2刷発行

著者	食のスタジオ
発行人	鈴木　昌子
編集人	姥　　智子
企画編集	亀尾　滋
発行所	株式会社 学研パブリッシング 〒141-8412　東京都品川区西五反田2-11-8
発売元	株式会社 学研マーケティング 〒141-8415　東京都品川区西五反田2-11-8
印刷所	凸版印刷株式会社

●この本に関する各種お問い合わせ先
【電話の場合】編集内容については　TEL 03-6431-1483（編集部直通）
　　　　　　　在庫、不良品（落丁、乱丁）については　TEL03-6431-1250（販売部直通）
【文書の場合】〒141-8418　東京都品川区西五反田2-11-8
　　　　　　　学研お客様センター『はじめての　園児のおべんとう』係
この本以外の学研商品に関するお問い合わせは下記まで
TEL 03-6431-1002（学研お客様センター）

©Shoku no Studio／Gakken Publishing 2015　Printed in Japan
本書の無断転載、複製、複写（コピー）、翻訳を禁じます。
本書を代行業者等の第三者に依頼してスキャンやデジタル化することは、
たとえ個人や家庭内の利用であっても、著作権法上、認められておりません。
複写（コピー）をご希望の場合は、下記までご連絡ください。
日本複製権センター　http://www.jrrc.or.jp/　E-mail：jrrc_info@jrrc.or.jp　TEL:03-3401-2382
Ⓡ＜日本複製権センター委託出版物＞
学研の書籍・雑誌についての新刊情報・詳細情報は、下記をご覧ください。
学研出版サイト　http://hon.gakken.jp/